K線的重新探索

掌握源點，邏輯推理漲跌

藍健銘——著

自序 買賣源點是推演漲跌的磐石

漲跌到底能不能推理？這是參與金融市場多年的交易者共同的問題，許多人誤會「推理漲跌」等於「知明日」，事實上，這兩者是絕對不同，「知明日」比較像「顯神蹟」，推理則是根據已知的事實，推導合理的後勢發展。

買賣源點

到底甚麼是買賣源點？

商品有其價值、價位、價格；

人類有其本性、習性、慣性；

自然有其行運、運行、韻律。

所謂買賣源點談的就是商品、人類、自然間的互動關係，從觀察到理解，展現出層次的差異，通常是從觀察到某個現象開始，然後思考現象的成因，再經過時間的印證，從而形成邏輯理論，最後才套用到實務端的選股、操作。

譬如操作者觀察到上漲過程如果陽體越漲越大，此漲離結束不遠，思考這個現象的成因，理解越漲價值位越高，推升價位需要越多資金，此漲越漲越耗源，如同人類連續出拳若越擊越重，自然難以延續，此為具備買賣意的思想。

具備前述想法後，開始對歷史圖作研究，此時會看到許多在上漲過程，陽體越漲越大作結束的案例，先印證觀察到的現象並非特例，同時發現有許多行

情在上漲過程出現陽體放大，結果卻還能持續推升價位的案例，這又是個新的
觀察。

　　結果發現那些上漲過程出現陽體放大的現象，結果卻還能延續的案例有共
同點，往左邊看發現有密集，原來是速度追價遭遇左邊解套賣壓而開不夠高，
導致陽體放大，但資金相當踴躍，穿過壓力區後，那是輕舟已過萬重山的快意。

　　買賣源點是越琢磨越精彩。

買氣 ・ 賣壓

　　當追價買氣較套現賣壓積極，股價上漲；
　　當套現賣壓較追價買氣踴躍，股價下跌。

　　這是何其顯然但難以運用的真理，到底現在是買氣強還是賣壓重？

　　操作者進行買賣交易會在價位上留下真實結果，在Ｋ線圖上形成軌跡，研
究買氣與賣壓的交戰成果，自然須從最真實的軌跡開始，Ｋ線圖展現甚麼意象
表達買氣強於賣壓？譬如：一日之漲撐多日之跌、行進過程遇壓不是壓。

　　Ｋ線圖展現甚麼意象表達壓力有壓但即將壓不住？
　　Ｋ線圖展現甚麼意象表達支撐有撐但即將撐不住？

　　Ｋ線圖記載著今日以前買氣、賣壓交戰的結果，瞭解目前所在其位相對過
去價值位的高低、力量組合的分佈、撐壓轉折的定位，理解當前買氣、賣壓相
對強弱，覓得將來買氣、賣壓的源，自然能推演漲跌後勢及其續航力。

　　瞭解過去，理解現在，推演將來。

目錄

第 0 篇

前　言

一 心態觀念 ◎◎ ○ ○

1. 層次

> 已知擁有為太極，
>
> 擁有未知稱無極，
>
> 未知擁有為無極，
>
> 無極極境之太極。

——陰陽理哲交易學創始人　吳薰

　　從廣義的人類知識領域達到狹義的個人涉獵領域，舉凡已知擁有的事物，皆歸類為太極，未知的事物按真實世界的存在性，區分為二式：一式擁有未知，一式未知擁有；前式如同數萬年前的火、五百年前的電、兩百年前的基因，雖然對人類而言皆屬未知，實則早已存在；後式如同手機相對於百年前、電燈相對於數百年前、印刷技術相對於數千年前，對人類而言皆為尚未存在，從無到有，二式未知皆屬無極。

　　廣義的人類知識領域隨時間輾轉，擁有未知經過發現而轉為已知，未知擁有經由發明而轉為已知，狹義的個人涉獵領域則通過學習、研究，將未知轉變為已知，形成循環理。

2. 九位一體

本 性 、 習 性 、 慣 性
價 值 、 價 位 、 價 格
行 運 、 運 行 、 韻 律

——陰 陽 理 哲 交 易 學 創 始 人　吳 薰

　　人類有其本性、習性、慣性，本性指的是人類生理如同動、吃、睡、生、長、死的部份，習性指的是人類心理如同喜、怒、哀、樂、憂、悲的部份，慣性指的是人類對於環境下意識的反應，如同紅燈停、綠燈行、遇測速照相會減速，皆歸屬環境使然的慣性，湖上的紅綠燈，紅燈沒人會停的。

　　商品有其價值、價位、價格，價值顯現於價位，價位表達於價格，價格定位於價值，價值的觀念相當抽象，市場認同的價值經量化後的成果為價位，價格與價位不同，價格指的是方眼紙上的格，格力展現商品生命價值的動能。

　　自然有其行運、運行、韻律，行運的觀念如地心引力，運行則如自由落體、圓周運動，行運相較運行的層級更高，韻律則如簡諧運動、潮起潮落，將過程量化記錄則為軌跡，看似紊亂，實則有跡可循，需能細膩觀察、接受真實結果。

3. 無漲跌論

知其索然，理所當然；
不知所然，理應必然。

——陰陽理哲交易學創始人　吳薰

漲跌論是不存在的，如果有漲跌論，全球資金應歸屬於擁有該漲跌論的個人或團體，事實並非如此，故瞭解漲跌論不存在是顯而易見的，此為學習漲跌技術前最重要的觀念。

買賣源點是漲跌技術的根本，探討後勢展望僅能用推理而不用推論，主要原因是不時提醒自己世上不存在漲跌論，實務操作絕對要考慮如果後勢不如預期，該如何處理部位。

若能探索買賣源點，瞭解、理解、推演圖意，後勢如預期發展，自然有理所當然的感動；沒有買賣源點的論斷，不知所然，僅能用篤定的表達法催眠自己，賺則飄飄然誤會自己很準，賠則歸咎環境使然，理應必然最後是散財童子。

沒有買賣源點的操作，**期待、等待、盼望、失望、絕望**是最常見的心路歷程，探索買賣源點，融於圖意展現，學習漲跌技術，跳脫悲慘循環，掌握行情品質，認知無漲跌論，保持態度謙遜，方為參與金融市場買賣交易的不二法門。

4. 參與者位別

市場參與者主要區分為**觀望者**、**擁有者**，**觀望者**指的是對商品有興趣，在場外準備進場的參與者位別；**擁有者**則是已進場持有該商品無論多空部位、時間長短的參與者位別。

觀望者區分為**多方**、**空方**，**多方**是在場外觀望，計畫將進場作多的參與者位別，空方則是在場外觀望，計畫將進場作空的參與者位別，無論觀望者如何觀望皆未能影響市場，倘若觀望者藉由任何方式煽動它人進場，能產生直接影響的依然是進場買賣交易的市場參與者，此為觀望者基本觀念。

擁有者區分為**新多**、**新空**、**多頭**、**空頭**，多方實際行動進場作多至當日收盤或未收盤前平倉，持有該多單的參與者位別為**新多**，空方實際行動進場作空至當日收盤或未收盤前平倉，持有該空單的參與者位別為**新空**。

若**新多**留倉多單，從進場次日開始至多單完全退場，參與者位別為**多頭**，若**新空**留倉空單，從進場次日開始至空單完全退場，參與者位別為空頭。

從觀望到擁有，從擁有到留倉，從留倉到持倉增減，從持倉增減到空手甚至反手，每階段的選擇，決定參與成果的優劣，俱備選擇關鍵時、價進場的能力，方稱為入門。

5. 買賣位別

市場買賣交易區分為**新買**、**新賣**、**舊買**、**舊賣**，**新買**是當日進場的買單，**新賣**是當日進場的賣單，**舊買**是昨日以前的買單，**舊賣**是昨日以前的賣單。

新買、新賣、舊買、舊賣形成增助力、增阻力、減助力與減阻力之四方力道，取於漲勢過程來談，作多的買單即為增助力，作空的賣單為增阻力，多單平倉的賣單為減助力，空單平倉的買單為減阻力，四方力道決定商品價位漲跌。

買賣單與買賣量不同，同為一筆單，委託量不等大小，故表達法有其大單在賣，指的是單筆委託量大的單，故瞭解買單與買量、賣單與賣量，談的是有關但相異的物件。

成交量與成交額不同，成交量談的是成交張數、口數，成交額談的是成交金額，台指期今日的成交量約十四萬口，此為正確表達法，大盤成交量約九百億，此表達法有問題，量與額絕對不同，可惜目前時空已積非成是，僅能接受。

正確的觀念、細膩的觀察導引緊鑼密鼓的思維，錯誤的觀念、粗糙的觀察導出掛一漏萬的思想，金融操作需能對中延伸對，進境方能一日千里，心態觀念的建立至關重要。

資訊工具 ◎◎　◎　　◎

1. 媒體

（1）網路

　　　　資訊涉獵有其必要性，台灣地區的市場參與者，最常涉獵的網路資訊以 **Yahoo! 奇摩**為最，**Yahoo! 奇摩**的資訊整理舉凡新聞、財報皆有其相當程度的完整性、便利性。

　　　　平常時間用 **Yahoo! 奇摩**取得資訊，已能解決大部份的需求，唯獨法令規定公佈營運季報的特定時點，仍需到**公開資訊觀測站**方能取得最新、最正確的資訊。

　　　　網路資源相當豐富，取於公開透明、公正客觀的資訊是首選，相反當看到小道消息、聳動標題皆應有所警覺，金融市場上，明目張膽設陷阱的人實在是不計其數。

（2）紙媒

　　　　紙媒是較為舊式的資訊傳播方式，目前市場上最盛行的金融專業紙媒是工商時報、經濟日報，接觸紙媒的原則與前述網路資訊相同，取於公開透明、公正客觀的資訊是首選，舉凡頭條新聞、聳動的標題皆要有所警覺，假設資訊完全流通，若散戶認知為利多新聞，是誰賣出與其成交？難道執行賣出的操作者沒有看新聞？值得深思。

2. 基礎建設

（1）券商

　　金融周邊工具的選擇中，看似最簡單，實則卻最困難的是券商的選擇，由於券商各有特色，操作者有其需求，兩者需相配合，方能達成最完善的運作。

　　市場參與者最在意的券商特色，往往是折讓的成數、當沖免借券費、融資利息降碼，實務操作當然會考慮折讓部份，但同時需評估券商的券源、下單軟體、交割方式、交易記錄呈現方式，方能作出最適合己身操作的選擇。

　　若券商在折讓以外的部份並無顯著差異，考慮折讓的部份是無可厚非，若券商有操作需要的特色，結果卻因為其它券商的高折讓而捨棄，是為捨本逐末，相當不可取。

（2）軟體

　　券商提供的看盤軟體更是大有玄機，由於台灣的交易制度相當特別，如同停資券的時間點有時間差，當沖交易需資買券賣，倘若軟體能在下單同時，提醒參與者目前的停資券狀況，較不易造成參與者誤判，欲資買券賣當沖，結果遇到停券期，可以資買卻不能券賣，收盤強迫留倉；軟體特色族繁不及備載，魔鬼藏在細節裡，需謹慎面對。

三　法規制度

　　法規制度是參與金融市場的依據，主要可以區分為時間類、價位類、買賣類，需瞭解法規制度會妨礙操作者的交易自由度，發現機會卻因受限於制度而無法參與，欲退場卻因受限於制度而產生虧損的擴大，皆為實務操作可能遭遇的情形，但因為制度是進場前已存在，沒有認識制度造成的風險是參與者本身的問題。

1.　時間類

　　法規制度從時間類別來談，開、收盤時間是最為基本的認知，其次是當日有無開盤，每年農曆年假期前後的封關日與開紅盤日期，皆屬最基本時間類的法規制度。

　　公司財報的公佈時點亦有法規作規範，現行的法規制度訂於每年三月底前，要公佈前一年的年報，每年五月十五日以前，要公佈當年度第一季的季報，每年八月十四日以前，要公佈當年度第二季的季報，無需公佈半年報，每年十一月十四日以前，要公佈第三季的季報，詳細資訊可上網查照。

　　財報公佈於目前時空屬重大資訊，雖與交易行為時間的限制不同，但會影響市場買賣交易的氛圍，仍需謹慎面對，實務操作會遭遇的時間類法規制度，尚有股東會、增資、減資、分盤交易，皆會直接影響操作自由度，需廣泛涉獵。

2. 價位類

　　法規制度從價位類別來談，基本需瞭解漲跌極限價相關限制、不等價位區間的檔位幅度，再來是除權、除息、減資的平盤參考價，皆為法規制度方面與價位有關的限制，相關內容於**台灣證券交易所**有詳盡的資訊可供查照。

　　法規制度尚有時間與價位的互動限制，舉例：盤中瞬間價位穩定措施，開盤後若試算成交價位與前一次的成交價位有超過正負 3.5% 以上的差異，則延遲該盤撮合兩至三分鐘。

　　收盤採五分鐘集合競價並揭露模擬撮合後資訊，若最後一分鐘的試算價位與前一次的試算價位有超過正負 3.5% 以上的差異，延遲該證券的收盤時間三分鐘，此為暫緩收盤。

　　倘若特定股票發生重大事件，從開盤僅有漲停的買單，直到收盤前皆未有成交，第二日重複此情形，第三日的平盤參考價調整為第一日的漲停價；跌邊情形類似，從開盤僅有跌停的賣單，直到收盤前皆未有成交，第二日重複此情形，第三日的平盤參考價調整為第一日的跌停價，稱無量跌停。

　　同時涉及時間與價位的法規制度較為繁複，其中最單純應屬初次上市櫃首五日無漲跌幅限制，其它限制需有印象，重點瞭解**台灣證券交易所**可查到完整、正確、即時的資訊。

3. 買賣類

　　法規制度從買賣類別來談，需留意買賣受到限制的各種情形，譬如每年股東會前兩個月、除權、除息前的空單強迫回補，若僅是受限於停券而無法參與行情，至多是可惜，若導因於停券而無法退場，造成倒線值擴大，感受又不同。

　　變更交易方式如同：取消或開放信用交易、全額交割、暫停交易甚至終止交易，皆與股票的財報成果有關，需瞭解觸發變更交易方式的條件，淨值於十元、五元、零元是重要關卡；對於主管機關的警告完全無視的飆股，將有遭到暫停交易處分的風險，制度相當重要，需嚴謹面對其相關資訊。

第 **1** 篇

單日買賣力

> 當我們瞭解交易制度有其交易時間之開盤開始至收盤結束，開盤成交當日的起始價為開盤價，收盤成交當日的結束價為收盤價，流程經歷多空買賣撮合有其不等高低價，最高為最高價，最低為最低價，由基礎四價之本意開始認識，延伸組成理哲符號，謂為單日買賣力。

 ## 基礎四價

1. 開盤價

開盤價表達預期心。

認識開盤價可以從極致的利多開始。2007 年 12 月 21 日開盤前出現這則新聞：**外商溢價 56% 買飛瑞**；投資人看到這則新聞的第一個思緒普遍是這支股今天會開漲停價，而且是連續漲停直到溢價幅度消失，接下來的動作自然是在開盤前掛漲停價敲單，買不到算正常，買到算運氣好。

當日開盤在強勁的買盤追價下直接開至漲停價，開盤價明確表達投資人對後勢的預期，若能把握這瞬間的思緒繼續思考，開盤前投資人接觸的資訊、觸發的思維、決定的動作多有不同，開盤前掛進市場的買賣單即為預期心的匯合，而開盤價的誕生，自然是投資人的預期心在價位上的顯影。

2. 收盤價

本意為經歷流程間多空買賣交易撮合洗禮，印證順逆於開盤預期心之結果。

開盤價表達預期心，此預期心為參與開盤的投資人展現的預期心，開盤後至收盤的這段時間，多空買賣交易持續在進行，收盤價是否順於開盤價開高而收更高？抑或開高走低收低於開盤價？甚至收低於昨收價？預期心是否能在流程間得到認同，結果順逆於此預期，可由收盤價得到印證。

3. 最高價

最高價本意為擁有不真實。

最高價的形成源於投資人流程間的追價，曾經來到高價卻未能守住高價，取高價之最高為最高價；從價值位的角度探討最高價，流程間擁有，結果卻不真實，故瞭解最高價的本意為擁有不真實。

若由多空操作之損益成果來認識最高價，源點的精確度將大打折扣，此因圖意之展現與隨勢者的損益無關，需回歸商品之價值、價位、價格來探索源點，思維方能明清。

4. 最低價

最低價本意為失而又復得。

最低價的形成源於投資人不計價地退場，曾經來到低價卻於收盤收復失土，取低價之最低為最低價；若由價值位的角度探討最低價，流程間失去，結果又復得，故瞭解最低價的本意為失而又復得。

最高價與最低價的邏輯不能反推，買、賣的內涵不同，買進後往往需賣出方能實現損益，賣出後卻未必需要買回，作空的投資人佔股票市場畢竟少數，期貨市場亦有生產者參與成交之避險空單，結算是以實體交割的方式完成。

5. 練習複習

（1）開盤價表達 _____ 。

（2）請問：開盤開在漲停前一檔的本意為何？

 撮合流程 ◎◎ ○ ○

1. 撮合流程圖

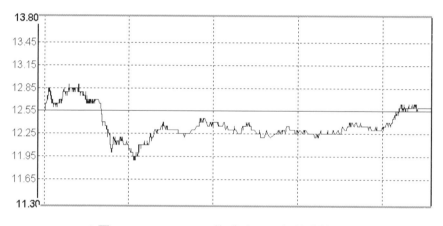

▲圖 1-1　2015-06-05 集盛（1455）撮合流程圖

　　撮合流程圖有其時間軸與價位軸，時間軸為開盤至收盤之時間，價位軸為平盤價至漲跌停極限價，台北股市設 ±10% 為漲跌停極限價，平盤以上為漲邊，平盤以下為跌邊。

　　將流程間每筆成交之時間、價位標記於圖表，連接資料成折線圖，此為最基本的撮合流程圖，完整的撮合流程圖需另訂成交量之縱座標，記錄每筆成交單之成交量資訊，舉例上圖僅記載價位、時間之資訊，屬基本的撮合流程圖。

　　台北股市開盤為上午九點，收盤為下午一點半，三分法取前場時間為九點至十點半，**中場**時間為十點半至十二點，**後場**時間為十二點至下午一點半；二分法將開盤至收盤時間等分，表達法為**上半場、下半場**。

2. 強、順、弱

（1）　+0.00% ~ +0.99%　　　：漲邊微弱

（2）　+1.00% ~ +3.99%　　　：漲邊弱位

（3）　+4.00% ~ +6.99%　　　：漲邊順位

（4）　+7.00% ~ 漲停前一檔：漲邊強位

（5）　漲停價　　　　　　　：漲邊極強

（6）　-0.00% ~ -0.99%　　　：跌邊微弱

（7）　-1.00% ~ -3.99%　　　：跌邊弱位

（8）　-4.00% ~ -6.99%　　　：跌邊順位

（9）　-7.00% ~ 跌停前一檔：跌邊強位

（10）　跌停價　　　　　　　：跌邊極強

3. 成交量、成交額

成交量與成交額不同。

成交額談的是金額，成交量談的是張數、口數，台泥於 2013 年 2 月 6 日的成交量不含盤後交易為 9153 張，同日的上市加權指數成交額為 934.89 億。

養成好習慣將資金與股票區分，有助於它日學習買賣意的內涵，進而能從另個層次體會所謂漲跌不等意。

4. 練習複習

100 元作收的股票於次日漲 2 元，此收收於漲邊弱位；上市加權指數收 7000 點，次日收漲 140 點，收於漲邊弱位；美國道瓊指數收 12000 點，次日收漲 100 點於漲邊微弱位；深究投資人的感受與表達，能否發現面對金融市場的盲點？

 陰陽體影

　　認識撮合流程後，瞭解由一日開盤開始至收盤結束，有開、收、高、低之基礎四價，可藉此四價所形之理哲符號，濃縮表現撮合流程間的故事情節，有助於投資人理解市場展現之買賣意。

O：開盤價	C：收盤價
H：最高價	L：最低價

O：開盤價	C：收盤價
H：最高價	L：最低價

　　成語有其「立竿見影」，體為明，影為暗，藉由自然理影射狹義金融市場，符號之開、收價不同為體，開、收價相同為影，開、收價以上的部份為上引，開、收價以下的部份為下引；上引與下引合稱引線，取名援引自然理，認知引線有其指引之內涵。

1. 陰陽

自然理有其陰陽雙性,基礎四價所形之理哲符號亦有其陰陽雙性,收高於開為陽,收低於開為陰;若收、開相同,高於昨收為陽,低於昨收為陰,平於昨收則取昨日之陰陽別定今日之陰陽性。

2. 明體

(1)收低於開,收、開所形為陰體,表達賣壓之明力。
(2)收高於開,收、開所形為陽體,表達買氣之明力。

3. 暗影

(1)開、收相同,符號之陰陽性屬陰,所形為陰影。
(2)開、收同等,符號之陰陽性屬陽,所形為陽影。

4. 引線

(1)開、收價以上之價位形成上引,本意表達暗空。
(2)開、收價以下之價位形成下引,本意表達暗多。

5. 八陰

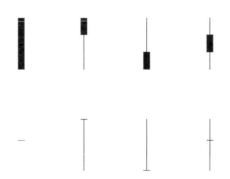

　　若取於符號之陰陽別為陰，考慮有無實體、有無上引、有無下引，共計八組同為陰性之相異符號，合稱八陰，帶有陰體之四式未必收跌，陰影之四式按定義需收於平盤以下。

6. 八陽

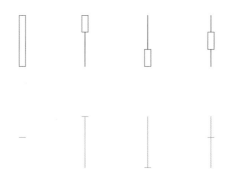

　　若取於符號之陰陽別為陽，考慮有無實體、有無上引、有無下引，共計八組同為陽性之相異符號，合稱八陽，帶有陽體之四式未必收漲，陽影之四式按定義需收於平盤以上。

7. 八體

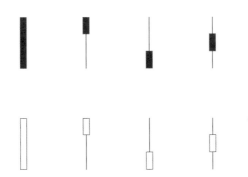

　　若取於符號之實體為有體，考慮陰陽雙性、有無上引、有無下引，共計八組同為有體之相異符號，合稱八體，帶體陰陽符號表達流程之漲跌，過程之漲跌需知昨收方能判定。

8. 八影

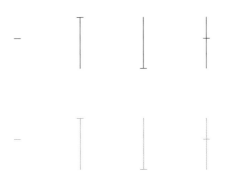

　　若取於符號之實體為無體，考慮陰陽雙性、有無上引、有無下引，共計八組同為無體之相異符號，合稱八影，無體陰陽符號本意未展現實力，互動極限價相反為極致之展現。

9. 實體大、中、小

（1）單邊實體 +0.00% ～ 3.66%：單邊實體小

（2）單邊實體 3.67% ～ 7.33% ：單邊實體中

（3）單邊實體 7.34% ～ 10.99%：單邊實體大

（4）雙邊實體 +0.00% ～ 6.66%：雙邊實體小

（5）雙邊實體 6.67% ～ 13.33%：雙邊實體中

（6）雙邊實體 13.34% ～ 20.0%：雙邊實體大

10. 練習複習

（1） 大是否強？小是否弱？

（2） 何謂大弱之陰？何謂小強之陽？

基本十六式符號

　　認識八陰、八陽、八體、八影後，完整思考理哲符號的種類，區分為陰陽雙性、實體有無、有無上引、有無下引，排列組合共計有基本十六式符號，謂為單日買賣力，接下來內容不再用符號稱之，將以力、單力、買賣力、買賣單力、單日買賣力取而代之，K線圖亦將以力圖、買賣力圖取代。

1. 陰一字

　　　　　　　於一日撮合流程，由開盤開始達到收盤結束，僅有單價，
　　─　　且此價平、低於昨收，平於昨收者需昨日為陰力，取名此式單
　　　　　　力為「陰一字」。

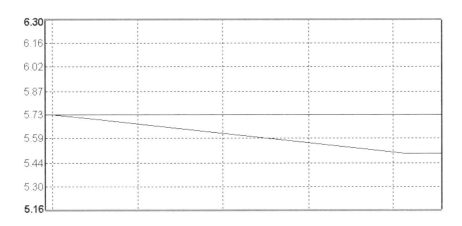

▲圖 1-8　2015-06-09 裕豐（1438）撮合流程圖

　　當日成交僅兩筆，第一筆成交時間在 13:08:21，故圖表有非水平之折線，此為一價到收，本意為極清淡的陰一字。

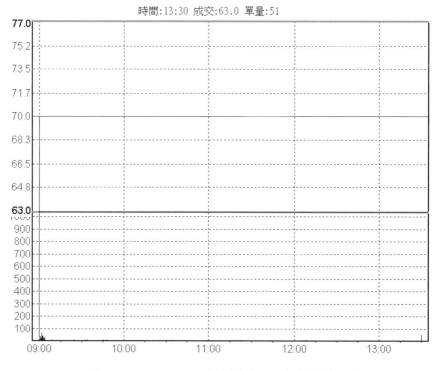

時間:13:30 成交:63.0 單量:51

▲圖 1-9　2015-08-07 宏達電（2498）撮合流程圖

　　當陰一字互動昨收傳達此價為跌停價時，謂一價到底，由撮合流程理解從開盤開始至收盤結束，皆未能離開跌停，展現市場賣壓沉重，此為本意極端恐慌之陰一字。

　　市場買賣交易通常是有利空消息觸發才會出現陰一字，如同：公司遭到檢調單位搜索、改變特定股票的交易制度、地震、海嘯、重要人物遭槍擊、911事件之類的天災人禍。

　　除天災人禍外，預期的自我實現亦為跌勢行進過程中，常出現陰一字的原因，形成方式不同，本意皆為極端恐慌。

2. 陰 T 字

　　於一日撮合流程，由開盤開始達到收盤結束，曾行至低於開盤價之低價，未能突破開盤價，最後收盤之收盤價同等於開盤價，且此價平、低於昨收，平於昨收者需昨日為陰力，取名力別「陰 T 字」。

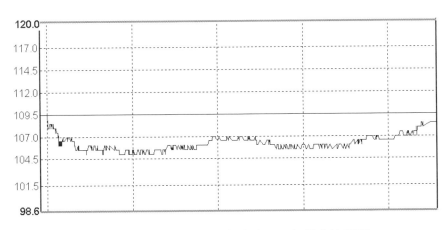

▲圖 1-10　2015-08-05 中碳（1723）撮合流程圖

　　由於陰 T 字俱備低於開盤價之更低價，故開盤雖然可能開平、低於昨收，但不可能是跌停價，因此陰 T 字的開盤價雖表達投資人對今日看跌之預期，此預期並非極致的恐慌。

　　按定義瞭解陰 T 字並無高於開盤價之更高價，而且收盤收於開盤價，此價亦為當日最高價，若賣壓稍強或買氣略有不濟，結果收低於開盤價一檔即出現明體陰，可惜空頭卻無此能力，故理解陰 T 字之本意為下跌無力。

3. 陰倒 T

於一日撮合流程，由開盤開始達到收盤結束，曾行至高於開盤價之高價，未能跌破開盤價，最後收盤之收盤價同等於開盤價，且此價平、低於昨收，平於昨收者需昨日為陰力，取名力別「陰倒 T」。

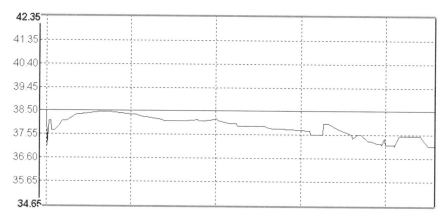

▲圖 1-11　2015-08-04 鑫禾（4999）撮合流程圖

由於陰倒 T 曾行至高於開盤價之更高價，收盤收同等於開盤價，此價同時為當日最低價，流程間由最高價開始直到收盤結束，價值位持續地消失，但收盤卻未能低於開盤價，若能低於開盤價，結果將出現陰體，由收盤前的流程為跌，結果未能轉明，理解陰倒 T 之本意為下跌不明。

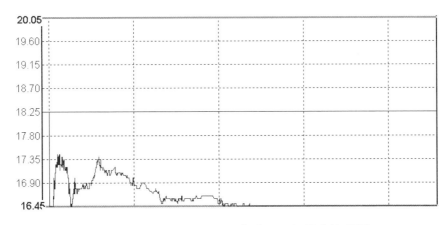

▲圖 1-12　2015-06-03 及成（3095）撮合流程圖

由於陰倒 T 沒有低於開盤價之更低價，故陰倒 T 之開盤可能開至跌停價，此式陰倒 T 俱備恐慌的預期心，收盤結果同於開盤價，亦為跌停價，認同開盤預期，此跌有速度意。

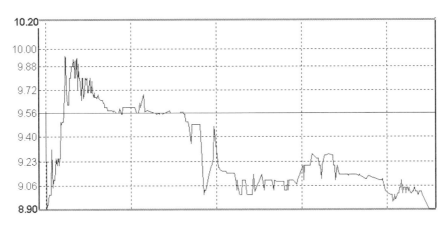

▲圖 1-13　2008-10-27 六福（2705）撮合流程圖

開盤開至跌停的陰倒 T 若於流程間曾擁有高於昨收價之更高價需有警覺，雖結果仍收於跌停，但買賣氣相當熱絡，此與下跌本質輕快的內涵相衝突，暗示此跌將結束。

4. 陰十字

於一日撮合流程，由開盤開始達到收盤結束，曾漲至高於開盤價之高價，跌至低於開盤價之低價，最後收盤之收盤價同等於開盤價，此價平、低於昨收，平於昨收者需昨日為陰力，取名「陰十字」。

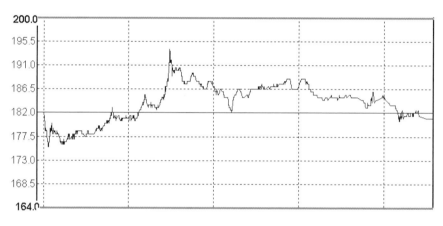

▲圖 1-14　2015-06-02 同致（3552）撮合流程圖

由於陰十字擁有高於開盤價之高價，亦擁有低於開盤價之低價，最後收盤之收盤價同等開盤價，故此開絕對不可能是漲跌停極限價，流程間雖有高價、低價，從買賣力卻未能看出孰先孰後，故理解陰十字之本意為不明之跌。

例圖之高價、低價出現順序為先低後高，從最高價達到收盤為價值位減損，按此事實可推理次日漲跌之方向，它日若跌破陰十字之最低並延伸跌，將來再行至此熱絡之價值位，需留意過往套牢所形成之解套賣壓。

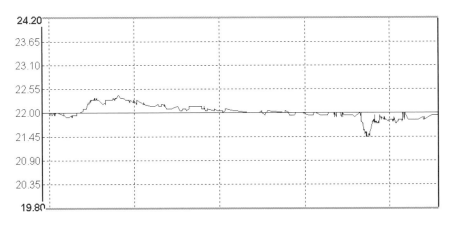

▲圖 1-15　2015-08-04 三陽（2206）撮合流程圖

　　例圖之高價、低價出現順序為先高後低，收盤前之流程從最低價作為參考點，結果為價值位之提升，按事實推理，次日之漲跌方向偏漲。

　　上引本意暗空，下引本意暗多，陰十字除前述按流程之高低價出現順序推理後勢，尚可由上引、下引之長短比推理後勢偏漲或偏跌，上引較長偏跌推，下引較長偏漲推。

　　重點前述皆為熱絡之陰十字，若為清淡陰十字，常出現於整理過程中，買賣氣未歸於單邊，若將推理方法亂套用，容易自亂陣腳，需特別留意。

5. 陰實體

於一日撮合流程，由開盤開始達到收盤結束，未有高於開盤價之更高價，收盤收低於開盤價且無低於收盤價之更低價，取名「陰實體」。

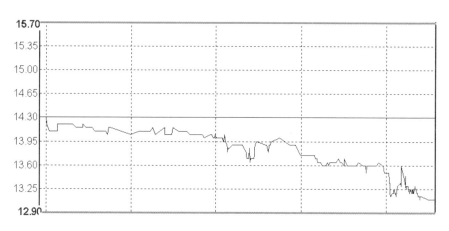

▲圖 1-17　2015-07-27 萬洲（1715）撮合流程圖

由於陰實體並無高於開盤價之更高價，亦無低於收盤價之更低價，故瞭解買氣自開盤開始，連一檔都無能推升超過開盤價即開始跌，收盤結束連一檔的下引都無能形成，結果僅有陰體，沒有引線，故理解陰實體之本意為穩定之跌。

陰實體互動昨收有其開高、開平、開低於昨收，收高、收平、收低於昨收，重點今收低於今開且無開、收價以外之高低價，延伸理解陰實體本意雖為穩定之跌，但結果可能為漲中陰，亦可能展現速度意。

6. 陰高炮

於一日撮合流程，由開盤開始達到收盤結束，未有高於開盤價之更高價，流程間跌至低價，收盤前收復部份失土，最後結果收於開盤價與最低價間，符號留有下引線，取名此式單力為「陰高炮」。

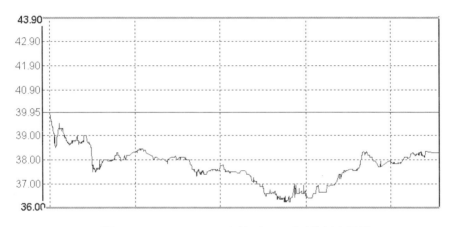

▲圖 1-18　2015-07-08 宣德（5457）撮合流程圖

由於陰高炮並無高於開盤價之更高價，故瞭解開盤開始即沿路下跌，直到流程間引進買氣推升價位，然此股買氣仍未能突破開盤價，最後收盤收於開盤價與最低價之間，留下失而又復得之低價，故理解陰高炮之本意為下跌受阻。

需瞭解陰高炮帶有陰體，開、收價的關係為收盤價低於開盤價，因此陰高炮可能為漲中陰；其結果按陰體與下引之幅度比有其大於、等於、小於之三式，對應次日行破、測、回之推理，然此僅為本意之認知，於相異位置之含意有別。

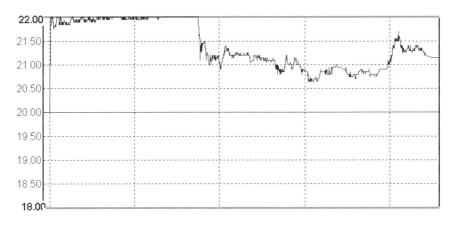

▲圖 1-19　2015-07-15 擎亞（8096）撮合流程圖

　　例圖當日開盤開於漲停價，流程間擁有低價，收盤結果收於開盤價與最低價間，相對於昨收價為漲，故此陰高炮為漲中陰，需瞭解陰未必跌之道理。

　　固定力之高低幅度，取陰體與下引幅度比，有其大於、等於、小於，對應次日破、測、回今日最低價之推理，此因陰體展現今日跌之明力，下引表達今日之暗多，當明力強於暗力，合理次日將破低點，等於則測低點，弱於則試低點，然此推理為本意之推敲，考慮不等位置與相異行勢方式後，或許有不同的預期，然基礎之破、測、回，仍需知其源點。

7. 陰反轉

　　於一日撮合流程，由開盤開始達到收盤結束，曾有高於開盤價之更高價，流程間遭遇賣壓，收盤收低於開盤價，無低於收盤價之更低價，符號留下擁有不真實之高價，取名此式單力為「陰反轉」。

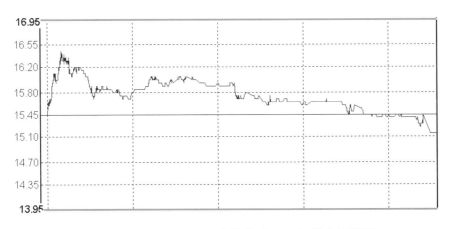

▲圖 1-21　2015-06-02 富強鑫（6603）撮合流程圖

　　由於陰反轉擁有高於開盤價之更高價，故瞭解於流程間曾有引進買氣推升價位，然買氣於高價無以為繼，遭遇賣壓減損價值位，跌至開盤價與早前流程所形低價皆未能守住，收盤非但收低於開盤價，甚至沒有低於收盤價之更低價，故理解陰反轉之本意為速度之跌。

　　陰反轉按開盤後先漲或先跌區分基本二式，例圖為先漲之陰反轉，此式陰反轉從最高價出現至收盤前，其流程跌將於開盤價受阻，然真實結果買氣撐不住，此跌展現速度意。

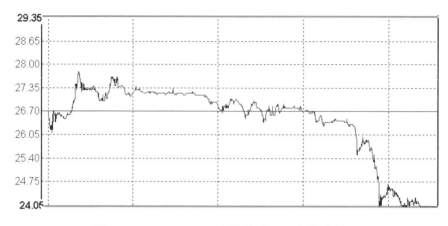

▲圖 1-22　2015-07-27 嘉聯益（6153）撮合流程圖

　　例圖為開盤後先跌至低價，於低價引進買氣推升價位，行至開盤價時，發生多空交戰，買氣勝過賣壓，再將價值位推至高於開盤價之更高價，然此買氣無以為繼，遭遇賣壓卻守不住價值位，退守至開盤價，再次多空交戰，雖然買氣曾短暫守住平盤，但最後仍然不敵賣壓，再退守至早盤低價，多空攻防再次發生，收盤前賣壓增強，相反買氣潰散，最後結果收於當日最低。

　　每次關鍵價的攻防，多空皆需投入倍數的實力方能突破或跌破，其速度意的展現即源於此，需瞭解流程間經歷關鍵價位攻防的次數愈多，力之組成愈熱絡、愈紮實，即使外觀相同，紮實度的差異將對後勢有決定性的影響。

8.　陰轉機

於一日撮合流程，由開盤開始達到收盤結束，曾有高於開盤價之更高價，亦有低於開盤價之更低價，流程間之高價遭遇賣壓守不住，低價引進買氣壓不住，收盤收於開盤價與最低價之間，留下擁有不真實之高價與失而又復得之低價，取名力別為「陰轉機」。

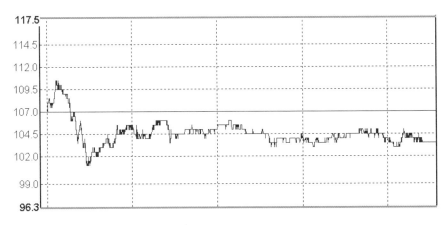

▲圖 1-23　2015-06-01 宏捷科（8086）撮合流程圖

　　由於陰轉機擁有高於開盤價之更高價，亦有低於收盤價之更低價，最後結果收於開盤價與最低價間，瞭解高價遭遇賣壓守不住，低價引進買氣壓不住，無論買氣或賣壓皆未能呈現壓倒性的勝利，故理解陰轉機的本意為不穩之跌。

　　陰轉機之理哲符號帶有上引、下引、陰體，上引與下引相比可瞭解力之暗多空強弱，上引與陰體幅度和相比下引之幅度可瞭解買氣與賣壓的互動成果。

9. 陽一字

於一日撮合流程，由開盤開始達到收盤結束，僅有單價，且此價高、平於昨收，平於昨收者需昨日為陽力，取名此式單力為「陽一字」。

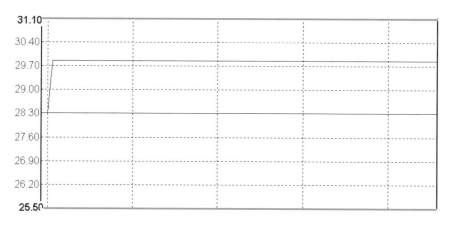

▲圖 1-24　2015-06-24 海灣（3252）撮合流程圖

陽一字無體、無引，陰陽性屬陽，開盤價即收盤價，本意買賣氣極為清淡，謂一價到收之陽一字，此時之清淡為流程間買賣撮合清淡，不可混淆強弱與熱絡清淡之觀念，如例圖雖買賣氣清淡，一價到收之開、收價卻已至漲邊順位。

當陽一字互動昨收，開、收於漲停價時，流程自開盤即展現急切追價之意願，表達於開漲停極限價之事實，盤中經買賣撮合洗禮皆未能破盤，收盤結果認同開盤之預期，收於漲停價，謂一價到頂，理解此式陽一字本意為極致熱絡。

▲圖 1-25　2012-08-06 思源（2473）撮合流程圖

　　極致熱絡的陽一字通常搭配著強烈的利多消息出現，如例圖當日開盤前有將以每股 57 元被收購的新聞，按昨收時價為 45.65 元，套利空間將近 25%，開盤一價到頂實屬合理。

▲圖 1-26　2015-07-13 光耀科（3428）撮合流程圖

　　除前述與強烈利多新聞的觸發有關外，極致熱絡陽一字亦可能伴隨著預期的自我實現而誕生，形成之方式雖與前式不同，其源點皆為買氣熱絡急切，不計價之追價所造成。

10. 陽T字

於一日撮合流程，由開盤開始達到收盤結束，甫開盤即遭遇賣壓，行至低於開盤價之低價，引進買氣推升價值位收復失土，最後收盤結果未能突破開盤價，收同等於開盤價，且此價高、平於昨收，平於昨收者需昨日為陽力，取名此式單日力為「陽T字」。

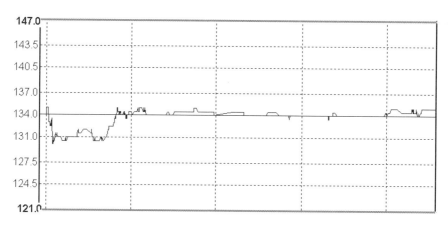

▲圖 1-27　2015-07-21 皇田（9951）撮合流程圖

由於陽T字並無高於開盤價之更高價，開盤開始即遭遇賣壓失去價值位，流程間引進買氣推升價位，直到收盤結束持續地收復失土，最後收於開盤價，同時亦為當日最高價。

陽T字自流程低點引進買氣，推升價位直到收盤前，其收復多檔位卻未能突破開盤價，收盤前之價值位提升卻未能形成明體陽，故理解陽T字之本意為上漲不明。

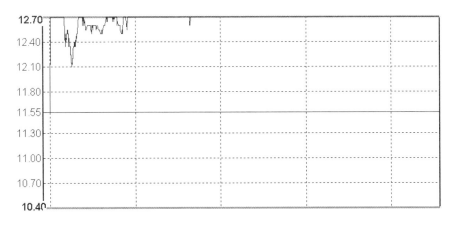

▲圖 1-28　2015-06-15 大將（1453）撮合流程圖

　　當陽Ｔ字之開盤價互動昨收為漲停價時，由開盤價表達預期心瞭解當日開盤前有不計價之追價買盤，開盤價方能以漲停價開出，此式陽Ｔ字本意為速度式上漲，所形結果受限漲停極限故未能產生明體陽，需明確區分不等二式之陽Ｔ字。

　　極強陽Ｔ字按下引的深度可區分為測昨收、測至平盤、測前收、測至跌停四式，越深的低價表達退場賣壓越積極，當獲利退場演變為不計價退場時，投資人需提高警覺，眼下的漲停並非獲利的保證，稍有不慎將遭逢危難。

11. 陽倒 T

於一日撮合流程，由開盤開始達到收盤結束，曾漲至高於開盤價之高價，未能跌破開盤價，最後收盤之收盤價同等於開盤價，且此價高、平於昨收，平於昨收者需昨日為陽力，取名力別「陽倒 T」。

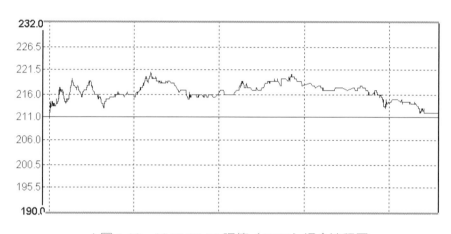

▲圖 1-29　2015-07-29 璟德（3152）撮合流程圖

由於陽倒 T 俱備高於開盤價之更高價，故開盤雖然可能開高、平於昨收，但不可能是漲停價，因此陽倒 T 的開盤價雖表達投資人對今日看漲之預期，此預期並非極致之追價。

按定義瞭解陽倒 T 並無低於開盤價之更低價，而且收盤收於開盤價，此價亦為當日最低價，若買氣稍強或賣壓略為惜售，結果收高於開盤價一檔即出現明體陽，可惜多頭卻無此能力，故理解陽倒 T 之本意為上漲無力。

12. 陽十字

於一日撮合流程，由開盤開始達到收盤結束，曾漲至高於開盤價之高價，跌至低於開盤價之低價，最後收盤之收盤價同等於開盤價，此價高、平於昨收，平於昨收者需昨日為陽力，取名「陽十字」。

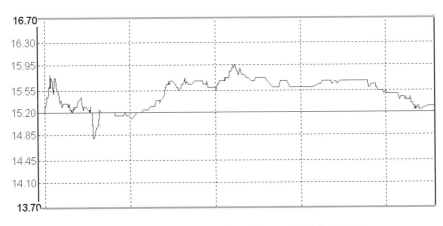

▲圖 1-30　2015-07-28 光聯（5315）撮合流程圖

由於陽十字擁有高於開盤價之更高價，擁有低於開盤價之更低價，最高價與最低價按出現順序不同有其基本二式，單由陽十字之理哲符號，未能判別高低出現之順序，僅知所形結果無體，收高、平於昨收，理解陽十字本意為不明之漲。

陽十字由高低幅度可瞭解買賣氣之清淡、熱絡，上引與下引相比，表露暗空與暗多之實力孰強孰弱，上漲過程出現陽十字，常顯露過往套牢形成解套賣壓之價值位。

13. 陽實體

　　　　於一日撮合流程，由開盤開始達到收盤結束，未有低於開盤價之更低價，收盤收高於開盤價且無高於收盤價之更高價，取名「陽實體」。

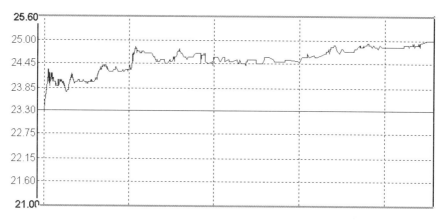

▲圖 1-31　2015-06-08 漢平（2488）撮合流程圖

　　由於陽實體並無高於開盤價之更高價，亦無低於收盤價之更低價，故瞭解賣壓自開盤開始，連一檔都無能壓低跌破開盤價即開始漲，收盤結束連一檔的上引都無能形成，結果僅有陽體，沒有引線，故理解陽實體之本意為穩定之漲。

　　陽實體與陰實體雖然本意都有穩定意，然回歸漲耗源、跌輕快之漲跌本質可瞭解，當實體大時，陽實體符合漲耗源之內涵，陰實體相反失去跌輕快的本質，需特別謹慎，所在其位不等，含意自然有別，漲跌不等意，切勿直接反推。

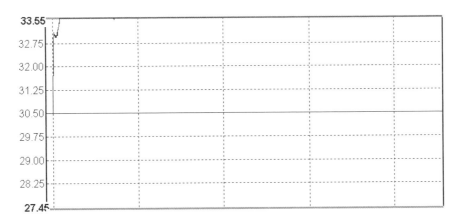

▲圖 1-32　2015-07-13 宏益（1452）撮合流程圖

　　陽實體本意為穩定之漲，當開盤價互動昨收開高，甚至開至漲邊強位，將展現速度意，特別收盤結果收至極限位，此式陽實體流程內涵表現穩定，整體則呈現速度意。

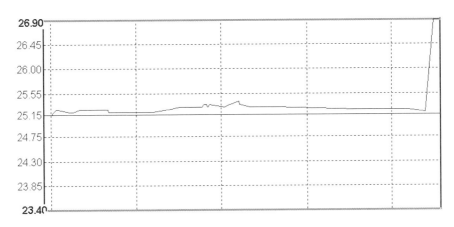

▲圖 1-33　2005-03-31 遠雄（5522）撮合流程圖

　　台北股市有其最後五分鐘暫停交易的特殊制度，有時會出現如同例圖藉最後一盤偷拉的現象，即使結果為陽實體，因撮合流程不合本意，自然不應視此式陽實體為穩定之漲。

14.陽高炮

　　於一日撮合流程，由開盤開始達到收盤結束，曾有低於開盤價之更低價，流程間引進買氣，收盤收高於開盤價，無高於收盤價之更高價，符號留下失而又復得之低價，取名此式單力為「陽高炮」。

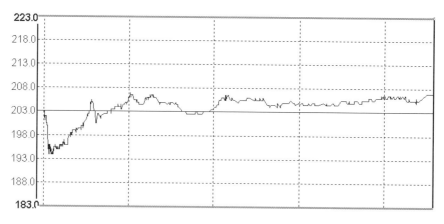

▲圖 1-34　2015-07-09 葡萄王（1707）撮合流程圖

　　由於陽高炮擁有低於開盤價之更低價，故瞭解於流程間曾跌至低價，引進買氣推升價位，遭遇開盤價與先前高價之賣壓，展現倍數實力，推升價位，最後收盤收於最高價，賣壓連一檔上引亦未能留下，理解陽高炮本意為速度之漲。

　　陽高炮自開盤開始可區分二式，一式先漲，一式先跌，如同例圖為先跌再漲，遭遇開盤價隨即進入多空交戰，最後買氣消化賣壓，收盤結果守住最高價之成果，展現速度意。

陽高炮本意為速度之漲，當陽體幅度大於下引幅度時，整體呈現將帶穩定意，需瞭解即使單力的下引僅有一檔，按定義仍需分類為陽高炮，重點陽高炮是由外觀之象意取名，本意由撮合流程理解，延伸不等式之陽高炮，需回歸源點，從買賣意推敲。

▲圖 1-36　2015-08-05 宜特（3289）撮合流程圖

陽高炮速度之本意展現於撮合流程，開盤開高達到漲邊強位亦有速度之內涵，同為速度卻為相異成因，需將二式速度作區分，方能回歸源點認識陽高炮。

15. 陽反轉

　於一日撮合流程，由開盤開始達到收盤結束，未有低於開盤價之更低價，流程間漲至高價，收盤前未能守住成果，最後結果收於開盤價與最高價間，符號留有上引線，取名此式單力為「陽反轉」。

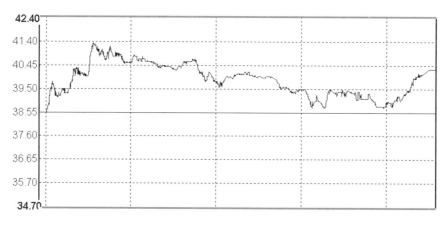

▲圖 1-37　2015-08-04 南光（1752）撮合流程圖

　　由於陽反轉並無低於開盤價之更低價，故瞭解開盤開始即引進買氣推升價位，賣壓連一檔都無能跌破開盤價，直到流程間漲至高價，遭遇賣壓阻礙價位的推升，買氣未能守住高價，賣壓尋求更低價成交，行於流程跌，然此股賣壓未能跌破開盤價，最後收盤收於開盤價與最高價之間，留下擁有不真實之高價，故理解陽反轉本意為上漲受阻。

陽反轉按陽體與上引之幅度比有其大於、等於、小於之三式,對應次日行
創、測、試之推理,然此僅為本意之認知,於相異位置之含意有別。

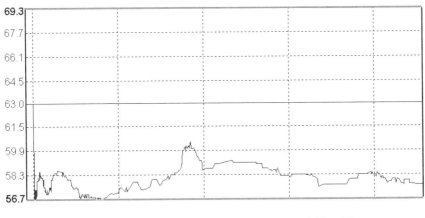

▲圖 1-39　2015-06-11 正淩(8147)撮合流程圖

陽反轉為擁有陽體、上引,無下引之力別,收盤價高於開盤價即出現陽
體,例圖所示開盤價開至跌邊極強位,最後收盤雖然收高於開盤價,但低於昨
收價,故瞭解陽未必漲的道理,陰陽所展現僅為撮合流程間之漲跌,日日輾轉
過程中之漲跌需昨收方能判別,需將陰陽與漲跌作出明確的區分。

16. 陽轉機

　　於一日撮合流程，由開盤開始達到收盤結束，曾有低於開盤價之更低價，亦有高於開盤價之更高價，流程間之低價引進買氣壓不住，高價遭遇賣壓守不住，收盤收於開盤價與最高價之間，留下失而又復得之低價與擁有不真實之高價，取名力別為「陽轉機」。

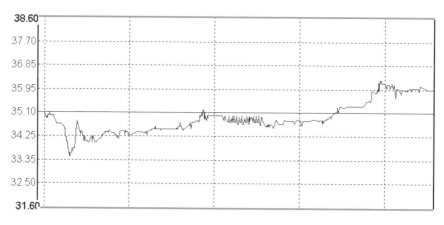

▲圖 1-40　2015-07-28 福興（9924）撮合流程圖

　　由於陽轉機擁有高於開盤價之更高價，亦有低於收盤價之更低價，最後結果收於開盤價與最高價間，瞭解低價引進買氣壓不住，高價遭遇賣壓守不住，無論買氣或賣壓皆未能呈現壓倒性的勝利，故理解陽轉機的本意為不穩之漲。

　　陽轉機之理哲符號帶有上引、下引、陽體，上引與下引相比可瞭解力之暗多空強弱，下引與陽體幅度和相比上引之幅度可瞭解買氣與賣壓的互動成果。

17. 練習複習

（1）開：9.83　　收：10.10　　高：10.20　　低：9.80

（2）開：14.60　收：14.60　高：14.60　　低：13.80

昨收：13.65

（3）第一日，開：14.70　　收：15.65　　高：15.65　　低：14.70
　　第二日，開：15.95　　收：15.00　　高：16.30　　低：15.00

（4）第一日，開：11.75　　收：12.30　　高：12.30　　低：11.75
　　第二日，開：12.80　　收：11.90　　高：12.85　　低：11.90

（5）第一日，開：13.95　收：13.55　高：13.95　低：13.50

　　　第二日，開：13.60　收：13.90　高：13.90　低：13.55

　　　第三日，開：13.90　收：13.30　高：13.95　低：13.30

（6）第一日，開：14.00　收：13.10　高：14.50　低：13.10

　　　第二日，開：12.90　收：14.00　高：14.00　低：12.80

　　　第三日，開：14.00　收：14.95　高：14.95　低：14.00

（7）第一日，開：28.50　收：29.70　高：30.15　低：28.50

　　　第二日，開：30.30　收：29.00　高：30.50　低：29.00

　　　第三日，開：29.50　收：31.00　高：31.00　低：29.35

重點提醒：繪製力圖需注意力力相接、互動比例。

五 綜合練習 ◎◎ ○ ○

▲圖 1-41　2011-08-02 基泰（2538）日線圖

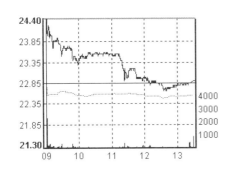

開盤前看到利多新聞：

　基泰建設一次售出基隆 3 萬餘坪土地估處分利益 31.3 億元

　截錄內容：**處分土地總計的每股盈餘貢獻約為 7.89 元**

當日開盤開在漲停價，請問：流程間最慢何時需有警覺不對勁？

第

2.

篇

雙日順逆勢

當我們瞭解單日買賣力有其基本十六式符號，主題有陰陽雙性、有無實體、有無上引、有無下引，瞭解撮合之流程，理解力之本意，區分幅度大、中、小，辨別漲跌強、順、弱，認知陽未必漲、陰未必跌、大未必強、小未必弱的道理，在俱備買賣力的基礎觀念後，準備進入雙日互動，由陰陽順逆、大小強弱、高低順序認識雙日順逆勢。

一 陰陽順逆

認識陰陽順逆需回歸源點，暫不考慮跳空強於微弱位之開，並簡化力之大小、強弱、引線，取於陽體、陰體開始互動探討。

1. 陽陽為順

 陽體的收盤價高於開盤價，表達撮合流程整體呈現價值位的推升，且於最後收盤有能守住此戰果，連續兩日收盤結果皆擁有的陽體，表明第一日價值位的提升，於第二日得以延續，故稱陽陽為順。

思考：陽陽為順，增加元素，不等大小，圖意感受如何？

2. 陽陰為逆

陰體的收盤價低於開盤價，表達撮合流程整體呈現價值位的減損，且於最後收盤未能收復，第一日為陽體，顯意價值位的提升，第二日為陰體，價值位減損，未能延續第一日表現，故稱陽陰為逆。

思考：陽陰為逆，增加元素，不等大小，圖意感受如何？

3. 陰陽為逆

陰體的收盤價低於開盤價，陽體的收盤價高於開盤價，第一日為陰力，表達價值位的減損，第二日為陽力，表達價值位的提升，未能延續第一日的表現，相反收復第一日部份失土，故稱陰陽為逆。

思考：陰陽為逆，增加元素，不等大小，圖意感受如何？

4. 陰陰為順

陰體的收盤價低於開盤價，表達撮合流程整體呈現價值位的減損，且於最後收盤未能收復，第二日與第一日同收陰力，表達第二日的結果延續第一日表現，商品價值位持續地減損，故稱陰陰為順。

思考：陰陰為順，增加元素，不等大小，圖意感受如何？

5. 練習複習

第一日，開：36.95　收：37.50　高：37.50　低：36.85
第二日，開：37.50　收：38.00　高：38.20　低：37.35
請畫出雙日結果並嘗試闡述其陰陽順逆。

二　大小強弱

　　當雙日勢加入大小、強弱的元素後，內容將變得相當複雜，譬如：實體大且收於跌邊弱位之陰力，實體必然跨越漲跌雙邊；實體小且收於漲跌弱位之力，若不考慮影引阻助，表現不明顯，可能僅為輾轉過程；為求循序漸進之引導，暫時先簡化雙日勢之探討主題為：大強陽、大強陰、小強陽、小強陰。

1.　大強陽 · 大強陽

　　大強陽展現買氣穩定、強烈且能保留戰果，於第二日開盤開於平盤附近，流程間引進買氣，推升價位，最後收漲邊強位，結果為大強陽；第二日能延伸第一日陽體幅度，表達第一日大強陽為實陽。

2.　大強陽 · 小強陽

　　小強陽於開盤開高展現熱絡、不計價之買氣，在不考慮漲停極限價的前提下，跳空開高表現的買氣是否真實，可參考流程間能否延伸同等跳空開高幅度，大強陽延伸小強陽本意行勢由穩定轉速度。

3. 大強陽 ‧ 大強陰

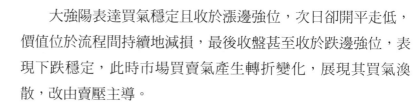

大強陽表達買氣穩定且收於漲邊強位,次日卻開平走低,價值位於流程間持續地減損,最後收盤甚至收於跌邊強位,表現下跌穩定,此時市場買賣氣產生轉折變化,展現其買氣渙散,改由賣壓主導。

思考:同為大強陽 ‧ 大強陰,陽開是否守住,圖意感受如何?

4. 大強陽 ‧ 小強陰

大強陽展現買氣穩定且收於漲邊強位,次日卻開低,表達開盤前投資人預期下跌,且不計價賣出,大強陽的穩定意蕩然無存,漲邊強位的戰果亦無法守住,結果甚至收於跌邊強位,本意由穩定漲強轉為速度跌強,若非盤面有整體性之意外利空干擾,需留意大強陽有竭盡的表徵;小強陰跳開空低是否真實,若不考慮跌停極限價,可參考流程間能否延伸同等跳空開低的幅度。

5. 小強陽 ・ 大強陽

　　若不考慮漲停極限價，小強陽 ・ 大強陽之行意為速度漲轉穩定漲，且第一日速度的成因在於跳空開高，由第二日僅能開平的真實結果可以瞭解，開盤前願意掛進追價的買氣消失，原因若非遭遇過往解套賣壓，相反是源於多頭的退場，需有警覺多空將易位。

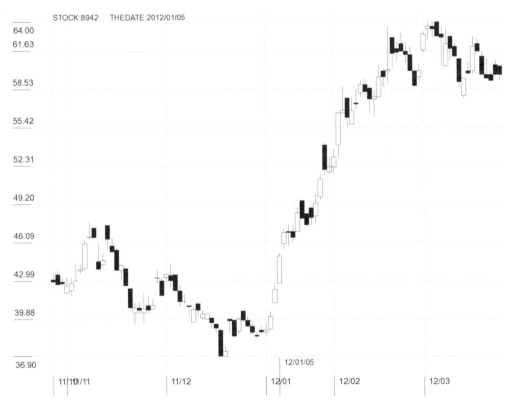

▲圖 2-6　2012-01-05 森鉅（8942）日線圖

　　例圖所標示的結果為小強陽 ・ 大強陽，而且收盤價皆非漲停極限價，速度式開高的買氣遭遇過往解套賣壓而消耗，主因並非多頭退場，故小強陽次日開平高，收大強陽合理。

▲圖 2-7　2007-07-25 群聯（8299）日線圖

例圖所標示的結果為小強陽・大強陽，而且收盤價皆非漲停極限價，追價買氣的消失源於多頭的退場，需警覺多空將易位，看到大強陽・大強陰方知大勢已去，屬後知後覺。

6.　小強陽　・　小強陽

若不考慮漲停極限價，小強陽・小強陽之行意為速度漲有能延續，跳空開高能否延伸同等於跳空開高幅度，顯意此追價買氣之虛實；兩日小強陽可由跳空開高幅度、追價買氣之虛實、陽體之大小的互動比，感受市場買賣氣，重點關注追價意願之輾轉變化。

7.　小強陽　・　大強陰

若不考慮漲跌極限價，小強陽・大強陰之行意為速度漲轉穩定跌，跌漲之相對強弱，可由此大強陰之收、低與昨低、前收之相對位感受，若大強陰收低於小強陽的低，或許仍收高於前收，倘若前收亦守不住，表示小強陽之戰果已盡數失去，短暫套牢形成。

從買賣源點思考，小強陽跳空開高表達強烈追價意願，當日高價有無觸及漲停是觀察重點，有觸價漲停表示買氣對明日有期待，次日開平可理解為買氣不再積極追價，走低是持倉者把握機會獲利平倉，最後結果收出大強陰，買賣氣的主導權易位，整體表現偏跌，接下來需觀察大強陰的虛實。

8. 小強陽 ‧ 小強陰

若不考慮漲跌極限價，小強陽 ‧ 小強陰之行意為速度漲轉速度跌，開盤前不計價追買，當日收於漲邊強位留有戰果，一夕間投資人預期心改變，轉為不計價退場，甚至最後收盤結果未能收復失土，收於跌邊強位，需探求改變預期心的原因，若非系統性利空或過往解套賣壓，流程亦無買氣漲高於平盤，應提高警覺。

▲圖 2-8　2011-07-28 上銀（2049）日線圖

　　小強陰之開展現速度，此開與小強陽的相對位置，表現不等強弱，若行雙跳空，謂懸陽，缺口未補前，偏跌思考。

9. 大強陰 · 大強陰

　　若不考慮漲跌極限價，大強陰 · 大強陰之行意為穩定跌有能延續；漲跌不等意為認知圖意之基本功，大強陽 · 大強陽符合漲耗源的內涵，行於此式合理，大強陰 · 大強陰之第一日穩定起始為合理，第二日再行穩強不符合跌輕快的內涵，需留意買賣氣變化。

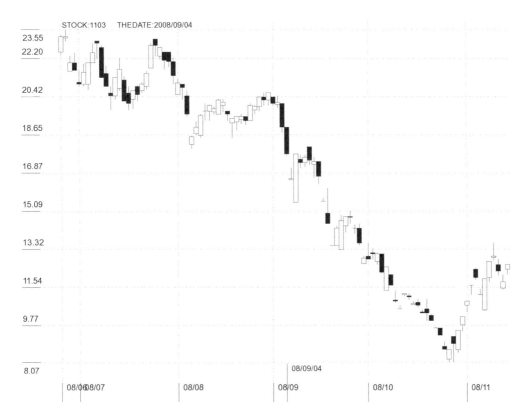

▲圖 2-9　2008-09-04 嘉泥（1103）日線圖

　　例圖所標示第二日大強陰開平是因遭遇過往支撐，本意跌輕快因受阻而無法展現，當收盤收低於前轉折，跌輕快的內涵展現於次日跳空開低，此為漲跌源點重要環節。

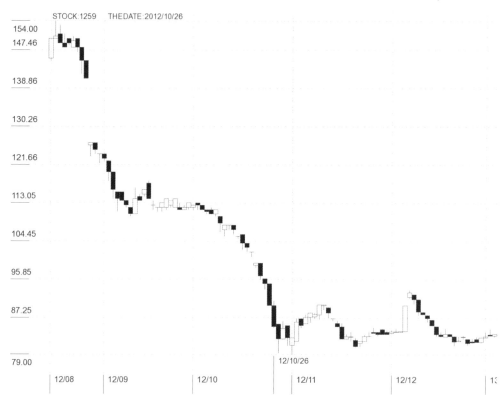

▲圖 2-10　2012-10-26 安心（1259）日線圖

　　例圖所標示第二日大強陰開平並非遭遇過往支撐，輕快內涵未能展現，表達投資人面對下跌不再恐慌，雖然價值位於流程間仍持續消失，跌有其竭盡意，推理此跌即將結束。

　　大強陰 · 大強陰於雙日順強互動勢出現的頻率相當高，若未能瞭解漲跌源點、思考行意之本意，取於方式亂套用，將竭盡當實強、結束當起始，自然無法進入買賣意的殿堂。

10. 大強陰 · 小強陰

　　若不考慮漲跌極限價，大強陰 · 小強陰之行意為穩定跌轉速度跌，速度跌符合跌本質輕快，上漲過程常遇賣壓，下跌過程相反容易觀望，跳空開低能否延伸同等跳空開低幅度，流程間是否觸價跌停皆為重要觀察點，觀念：下跌短暫作結束未必跌勢作結束。

11. 大強陰 · 大強陽

　　若不考慮漲跌極限價，大強陰 · 大強陽之行意為穩定跌轉折穩定漲，需暸解大陰本身不符合跌輕快的本質，僅有啟動位或受阻於過往支撐屬正常行勢，其它皆需提高警覺，大強陰次日出現大強陽，表達投資人於開盤前已不再恐慌，甚至流程間引進買氣推升價位，最後收盤結果收漲邊強位，表示短暫改由多頭主導，然漲跌不等意，漲耗源、跌輕快，縱使多頭取得短暫主導，漲跌勢要易位並不簡單，此為大強陰 · 大強陽的基本觀念。

12. 大強陰 · 小強陽

　　若不考慮漲跌極限價，大強陰 · 小強陽之行意為穩定跌轉折速度漲；下跌本質輕快，投資人面對跌的表達伴隨恐慌、觀望，因此大強陰次日跳空開高展現速度，甚至收於漲邊強位，結果小強陽，無論恐慌、觀望皆不存在。大強陰流程間的主題賣壓對後勢有決定性影響，若源於獲利平倉退場賣壓，此速度陽漲上來讓後知後覺的投資人有機會退場，上漲將遭遇相當阻礙；若源於停損退場賣壓，則傳達此跌已跌出竭盡意，後勢輾轉進入整理勢；若小強陽速度式開高源於外來因素刺激，而非商品本身跌至竭盡，往往曇花一現，後勢將順前勢下跌。

13. 小強陰 ‧ 大強陰

若不考慮漲跌極限價，小強陰 ‧ 大強陰之行意為速度跌轉穩定跌，下跌本質輕快，小強陰之行式有速度意，符合跌的本質，輾轉為大強陰表達投資人開盤前已不再恐慌，若源於過往支撐，仍屬正常行勢過程，僅為過程受阻，其它情形需警覺是否有竭盡意，然下跌短暫結束未必為跌勢結束，重點此式本意由速轉穩。

14. 小強陰 ‧ 小強陰

若不考慮漲跌極限價，小強陰 ‧ 小強陰之行意為速度跌有能延續，觀察重點跳空開低幅度、跳空開低能否延伸同等跳空開低幅度、流程間是否觸價跌停，雙日互動比，下跌本質輕快，速度跌雖合於跌的本質，但連續兩日速度式跳空開低僅能收於跌邊強位，未能收於跌邊極強，此時需警覺盤面有暗的買氣逢低承接。

當跌勢行進過程有暗的買氣出現，倘若下跌速度太快，搶短的隨勢者或資金不充裕的主勢者，可能執行停損動作，此跌未必作結束，重點觀察暗的買氣何時轉明止跌。

15. 小強陰 ‧ 大強陽

若不考慮漲跌極限價，小強陰 ‧ 大強陽之行意為速度跌轉折穩定漲，雖然大強陽的開盤價已表達投資人不再恐慌，但恐慌對於投資人而言是沒有如此容易消散的，此為跌勢結束不容易的重點精華，所謂一朝被蛇咬，十年怕草繩，在圖意的展現亦有此道理。

16. 小強陰　‧　小強陽

　　若不考慮漲跌極限價，小強陰 ‧ 小強陽之行意為速度跌轉折速度漲，從買賣源點思考，恐慌對於投資人而言不易消除，下跌過程易觀望，小強陰次日卻有能跳空開高展現不計價之追買，若非導因於外來系統性利多消息，此買氣的來源相當值得關注，另外，小強陰有速度式跳空開低，小強陽有速度式跳空開高，倘若行式於行進過程行成雙跳空，謂此陰為掛陰，強方式轉折。

17. 練習複習

（1）前述各式所探討的內容，定位收價非漲跌極限價，思考若方式互動漲跌極限價，行意內涵有何變異？

（2）第一日，開：35.50　收：37.45　高：37.60　低：34.50
　　　第二日，開：37.90　收：35.50　高：38.35　低：35.50

＜第零日收：35.25＞
試闡述此雙日互動意

當雙日勢加入高低順序的元素後，複雜度將進入更高層次，舉例前述的大強陽・大強陰，固定大強陽，調整大強陰，退化為等幅陰再置於不等高低位，延伸得到如同下列各式雙日互動：

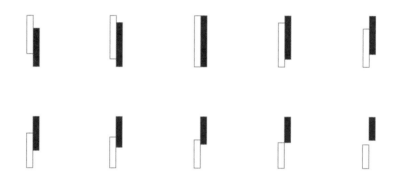

例圖所示尚未包含收於漲邊弱位之漲中陰，若縮小陰體幅度再擴充探討範圍，基本變化增加漲邊弱位、漲邊順位、漲邊強位之漲中陰，複雜度將大幅躍升，其中細膩寬廣的內容，礙於篇幅不克於本書中陳述，高低順序之各節，將取於較俱代表性之延伸互動勢作探討，它日若有機會將另找方式續談。

1. 極強陽Ｔ字 · 小強陽

極強陽Ｔ字開盤開至漲停，流程間曾經破盤，收盤結果收於漲停，留下不等長短的下引線，次日開盤雖有追價買氣，卻無法再開至漲停，經歷流程間買賣撮合洗禮，最後收盤結果仍無能收至漲停；極強陽Ｔ字 · 小強陽行意追價買氣轉弱，收盤結果亦轉弱。

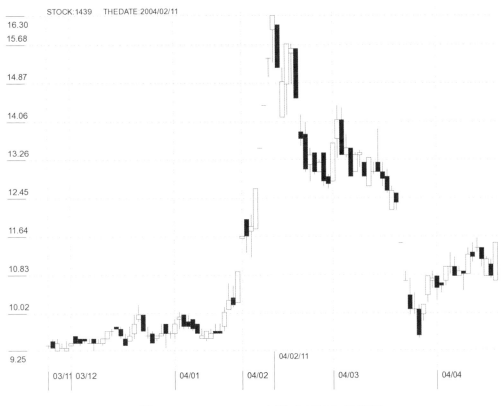

▲圖 2-12　2004-02-11 中和（1439）日線圖

例圖所標示有其三式轉弱，一式開盤價由開至漲停轉為無能開至漲停；一式流程間跌破平盤價，此價為昨日漲停，排隊等待卻未必能成交的價；一式收盤價未能再收至漲停。

2. 極強陽Ｔ字・小極強陽

　　極強陽Ｔ字・小極強陽從開盤價可以感受追價買氣已減弱，從開至漲停輾轉無能開至漲停，但小極強陽的收盤仍能收至漲停，就結果而言仍未轉弱，行情依然值得期待，後勢觀察開盤追價買氣是否回歸，流程間有無跌破平盤價，最後是否能再收回漲停價。

▲圖 2-13　2006-05-08 好樂迪（9943）日線圖

　　例圖所標示為極強陽Ｔ字・小極強陽，於小極強陽次日開盤價可感受追價買氣輾轉更弱，流程間跌破平盤價需提高警覺，結果收陰且收低於小極強陽的低，不可再心存幻想。

STOCK:6287　THEDATE:2004/02/04

▲圖 2-14　2004-02-04 元隆（6287）日線圖

　　例圖所標示為極強陽Ｔ字 · 小極強陽，雖然就開盤價的角度來看，小極強陽的開盤價弱於極強陽Ｔ字，但從流程間低點相對於昨收的角度來看，小極強陽的低點相反是強於，就收盤結果來看，小極強陽能收至漲停，對行情仍有期待，小極強陽次日開盤直接開至漲停，買氣回歸，最後收盤結果收極強陽一字，直到數日後收陰，此行情才真的劃下句號。

　　圖表於三月中旬有其極強陽高炮 · 極強陰一字，此案例為台股歷史有名的**兩顆子彈**，當行情遭遇外在因素干擾時，沒有資金法的賭徒，或許能從帳戶虧損體會資金法的重要。

3. 小強陽 ‧ 雙邊大強陰

小強陽的跳空開高展現追價的買氣，收盤收於漲邊強位保有戰果，次日跳空開高於漲邊弱位以上，流程間賣壓湧現，壓低價值位，再跌破平盤價，價值位持續消失，最後收盤結果收於跌邊強位，其行意表現強轉折，漲勢遇此方式，需警覺可能行單日反轉。

▲圖 2-15　2007-07-25 其樂達（3271）日線圖

例圖所標示為小強陽 ‧ 雙邊大強陰，此小強陽所行擁有已有追價買氣轉弱，低點相對昨收顯現防守更為吃力，未能收至漲停顯意結果轉弱，此時遭遇強方式轉折，結束合理。

4. 極強陽一字 ・ 單邊大極強陰

極強陽一字為十六式買賣力中，買氣展現最為熱絡的一式，行於極速，流程間可能打開漲停卻未能破盤，買盤踴躍卻未必成交，收盤甚至仍有不等多寡張數未成交，表達如此強烈，次日開盤卻僅能開小高低，最後收盤甚至收跌停，行意表現強方式行轉折。

▲圖 2-16　2010-01-21 聯德（3308）日線圖

例圖所標示為極強陽一字 ・ 單邊大極強陰，極強陽一字次日僅能開小高低，除非當日盤面遭受系統性利空襲擊，或遭遇過往解套賣壓，否則開盤即需警覺追價買氣不再熱絡。

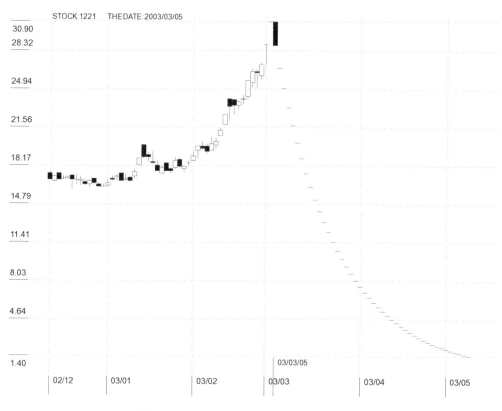

STOCK:1221   THEDATE:2003/03/05

▲圖 2-17　2003-03-05 久津（1221）日線圖

　　極強陽一字次日開小平高需有警覺，思考追價買氣的輾轉變化，此為第一個觀察點；第二個觀察點在平盤價，此價是昨日掛進亦未必能成交的價位，跌破此價暗示昨日掛單真正想買到的皆已成交，至此階段為昨日買盤延續的故事情節。

　　當價位持續探低至觸價跌停前，主題為獲利退場賣壓，但觸價跌停所展現卻截然不同，此時買賣意表達由昨日想買買不到，輾轉為當下想賣賣不掉，若持有多單，無需等收盤結果，應果決砍倉，砍錯少賺有限，若誤踩陷阱，可能連本都拿不回來，例圖為經典地雷，理解買賣意，自然能避開。

5.　極強陽一字 ・ 雙邊大極極強陰

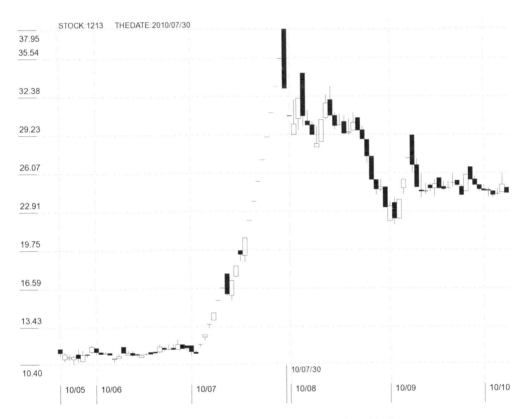

雙邊大極極強陰之「極極」並非筆誤或贅字，所指為開漲停、收跌停之漲跌極致全陰，極強陽一字次日開漲停相當合理，漲停破盤需提高警覺，跌破平盤顯意昨日掛單真正想買到的都已買到，跌至跌停表達買賣氣產生極端變化，若持有多單，需果決退場。

STOCK:1213　THEDATE:2010/07/30

37.95
35.54
32.38
29.23
26.07
22.91
19.75
16.59
13.43
10.40

10/07/30

10/05　　10/06　　　　10/07　　　　10/08　　　　10/09　　　　10/10

▲圖 2-18　2010-07-30 大飲（1213）日線圖

例圖所標示為極強陽一字 ・ 雙邊大極極強陰，行勢出現此方式表達買賣氣產生極端變化，當連續漲停將漲幅拉開，掛跌停都能獲利退場，行情結束時，反轉下跌速度相當快。

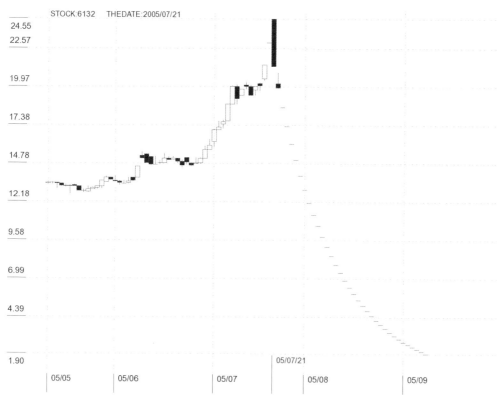

▲圖 2-19　2005-07-21 銳普（6132）日線圖

　　例圖標示為台股經典地雷，下市直達車以極強陽一字 · 雙邊大極極強陰啟動，投資人可藉網際網路搜尋新聞標題：

「銳普私募案，一季賺一倍」

　　利多出盡的新聞多不勝數，但這種消息放出來當天開始啟動下市直達車的相當罕見，若投資人未能理解圖意展現，甚至聽消息操作，這趟列車絕對讓人心驚膽跳、傷心欲絕。

　　台北股市的陷阱層出不窮，手法推陳出新，圖意為買賣真實結果，主勢者意圖盡載其中，有時逃命機會稍縱即逝，理解圖意助於趨吉避凶，其它防不勝防的，需靠資金控制。

6. 極強陰一字 ・ 極強陽一字

　　極強陰一字表達極端恐慌的賣壓，極強陽一字表達極致熱絡的買氣，買賣氣一夕間產生如此劇烈的變化，並非隨勢者所能預期，行於此式常搭配特殊或重大的個股新聞，需瞭解下跌過程展現極強的陰一字次日都可能接陽一字，資金控制並非作多才有需求。

▲圖 2-20　2011-03-21 安可（3615）日線圖

　　投資人可藉網際網路搜尋新聞標題：「**安可 3 月營收可望再創新高，Q1 EPS 挑戰 3 元**」，注意新聞發佈的時間為例圖所標示日期的收盤後，次日開漲停，天底下有這麼巧的事。

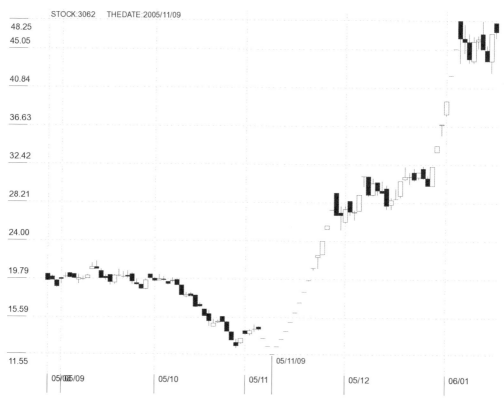

STOCK:3062　　THEDATE:2005/11/09

▲圖 2-21　2005-11-09 建漢（3062）日線圖

投資人可藉網際網路搜尋新聞標題：

「鴻海灑甘霖！建漢經營團隊、投資人暫獲喘息」

極強陰一字・極強陽一字絕非隨勢者的實力能夠鍛造，各位可以從新聞內容看到：**「鴻海（2317）於10日公告旗下5家子公司已於9日買進建漢股票3.09萬張……」**，換句話說，當作空持倉跌停，甚至跌停鎖住數萬張，仍然有風險存在。

風險無所不在，隨時提高警覺，戒慎恐懼，為避險操作生涯慘遭滑鐵盧，資金控制絕對有其必要，古諺有云：君子不立於危牆之下，需先能判別危牆所在，方能防範於未然。

7.　極強陽一字　‧　極強陰一字

　　　　　　　極強陽一字表達極致熱絡的買氣，當日掛漲停未必能成交，次日開盤開至跌停，收於跌停，流程間未能破盤，顯意市場買賣氣極端恐慌，一夕間產生如此劇烈的變化，並非隨勢者能預期，行於此式常搭配特殊或重大的個股新聞，資金控制的重要可見一斑。

▲圖 2-22　2007-01-24 創意（3443）日線圖

　　投資人可藉網際網路搜尋新聞標題：**「證交所密切蒐集創意交易資料　鎖定離職基金經理人」**，仔細閱讀新聞內容，當個股新聞出現調查、搜索，屬重大新聞，請務必提高警覺。

STOCK:2398　THE DATE:2004/06/15

▲圖 2-23　2004-06-15 博達（2398）日線圖

投資人可藉網際網路搜尋新聞標題：

「博達無力履行公司債本息回贖」

博達案絕對是近年來經典的地雷，單就方式來談，極強陽一字 · 極強陰一字絕對驚悚，它日對買賣意之架構、位置有更深的認知與體會後，自然理解要踩到這顆地雷很困難。

圖意展現有其可推理的危險，此類危險閃不過很可惜，買賣交易過程，選擇留倉就有不可測的風險，此類風險若無資金控制保護，畢業是遲早的事情。

綜合練習 ◎◎ ◯ ◯

1. 第一日，開：34.10　收：31.00　高：34.20　低：31.00
　　第二日，開：31.00　收：32.55　高：33.00　低：30.90

<第零日收：32.90>

請闡述雙日互動意

2. 第一日，開：31.00　收：32.55　高：33.00　低：30.90
　　第二日，開：33.00　收：31.10　高：33.40　低：31.00

<第零日收：31.00>

請闡述雙日互動意

3. 第一日，開：34.10　收：31.00　高：34.20　低：31.00
　　第二日，開：31.00　收：32.55　高：33.00　低：30.90
　　第三日，開：33.00　收：31.10　高：33.40　低：31.00

<第零日收：32.90>

請闡述圖意

3

三日增減力・勢順成力道

　　單日力雖可歸類為基本十六式符號，千萬日卻有千萬意，買賣意基本觀念沒有完全相同的兩日力，就如同千萬片樹葉，沒有兩片完全相同是同等理，重點是否能細膩觀察，總歸納、細歸類、明區分，先俱備力力相異的觀念，再異中求同，認知貓沒有兩隻相同，但貓與虎為不等物種，領悟至此層次，在漲跌技術的領域可說是已經找到門，雖然尚未入門，至少脫離不得其門的階段，面對圖意已懂得謙卑。

　　雙日勢按陰陽順逆、大小強弱、高低順序已可歸類基本架構，若再加入影引阻助的元素，其複雜度將較前述內容更上層樓，單日力有千萬意，雙日互動意更是不計其數，僅能就表現特別強烈的先探討，隨漲跌技術的基底越寬廣，雙日勢的內涵將領悟越深刻。

　　若不計其數的雙日勢僅能就表現特別強烈的先探討，三日增減力按邏輯推演，較不計其數還要再更寬廣、更複雜，事實上亦是如此，甚至較投資人所想更難掌握，道德經：「道生一，一生二，二生三，三生萬物」，藉由三日增減力的認知，四日以上若勢不順，可拆解為多組三日增減力作互動之推敲、琢磨，因此三日增減力可謂漲跌技術最困難卻最重要的環節，為避免漲跌技術架構的介紹至此遭遇瓶頸，接下來將簡單介紹三日增減力的思考邏輯，其餘留待它日有緣再談。

一　力之串聯 ◎ ○ ○ ○

　　三日增減力第一式思考邏輯是將三日分別認知，再由各別的表現互動理解三日所展現的本意，其主題架構可表達為：

③ → ① ・ ① ・ ①

1.　開盤價

　　開盤價表達預期心，投資人開盤前追價的買氣或恐慌的賣壓，皆表現於開盤價，觀察三日增減力各日開盤價相對於各日昨收價的幅度，可瞭解開盤前投資人預期心的變化。

　　開盤價相對於昨收價有其開高、開平、開低，三日互動組合二十七式，取於意理表達清晰、明確的連續三日開高，本意三日開盤前皆為追價買盤，作為開盤價觀察點的代表。

　　若將連續三日開高的數值作大小排列，亦有多式組合；愈開愈高雖表達追價買氣轉強，但就自然理而言，愈來愈快並不合理，故瞭解行進過程遭遇此式開之組合，需有警覺。

　　若連續三日開高卻愈開相對昨收幅度愈小，表達開盤前追價買氣轉弱，此時需觀察同等價位水平是否有壓力待解，接下來是否由開高轉為開平甚至開低，開低幅度相對前開高幅度亦有相對關係，經由抽絲剝繭的思考過程，理解增減力。

STOCK:5491　THEDATE:2011/02/24

▲圖 3-1　2011-02-24 連展（5491）日線圖

2011.02.23 ・ C：15.80

2011.02.24 ・ O：15.80　　C：16.90　　H：16.90　　L：15.80

2011.02.25 ・ O：17.40　　C：18.05　　H：18.05　　L：17.15

2011.03.01 ・ O：18.60　　C：19.10　　H：19.15　　L：18.35

　　　　觀察三日的開盤價，相對昨收愈開愈高，表達追價買氣越轉越強，於自然理產生警訊。

思考：相同三日，從收盤價、上引觀察，又有何感受？

2. 收盤價

收盤價表達開盤後經歷買賣撮合洗禮，印證順逆於開盤預期心之結果，收盤價相對昨收價有其收高、平、低三式，互動組合亦有二十七式成果，退化即為三日增減之漲跌觀。

▲圖 3-2　2006-10-02 億泰（1616）日線圖

雖然連續三日跳空愈開愈低，但結果卻能收至漲停，表達開盤前的追價買氣轉弱，是相對於開盤前計畫獲利平倉、解套退場的賣壓轉弱。

思考：相同三日，從陽體幅度觀察，又有何感受？

3. 陰陽

三日增減力從陰陽的角度觀察，暫先簡化複雜度，取於八體思考，陽體為收高於開，陰體為收低於開，表達流程間價值位的提升或流失，陰陽易位需有警覺。

4. 實體

實體表達明力，愈明實愈耗源，行進過程愈來愈耗源於自然理不合，需有所警覺，但有時明體力的出現與過往所形撐壓有關，需作整體的評估、思考，方能正確推演未來勢。

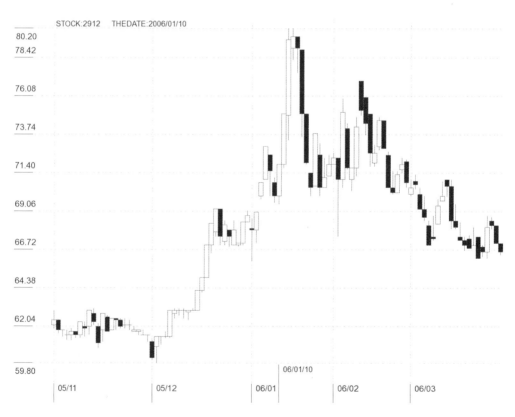

▲圖 3-3　2006-01-10 統一超（2912）日線圖

5. 最高價

　　漲勢行進過程有三式觀察點：一式為流程間有無創高，一式為力之陰陽別，一式為收盤結果之漲跌；漲勢過程重點在於價值位能否持續提升，創高過程表明投資人願意以更高的價位擁有該商品，收陽結果本意流程間有價值位的推升，收盤結果收漲為最真實的成果。

　　三日增減力於最高價的觀察，有其今日最高價是否高於昨日最高價，突破昨日最高價是引進買氣抑或觸發賣壓，互動收盤價則觀察是否收高於昨日的最高價。

6. 最低價

　　跌勢行進過程有三式觀察點：一式為流程間有無破低，一式為力之陰陽別，一式為收盤結果之漲跌；跌勢過程重點在於價值位是否持續消逝，破低過程表明投資人願意以更低的價位出脫該商品，收陰結果本意流程間有價值位的流失，收盤結果收跌為最真實的成果。

　　三日增減力於最低價的觀察，有其今日最低價是否低於昨日最低價，跌破昨日最低價是引進買氣抑或觸發賣壓，互動收盤價則觀察是否收低於昨日的最低價。

7. 上引

最高價與上引是不同的物件，最高價本意擁有不真實，上引本意暗空，單日力皆有最高價，但未必有上引，最高價僅有在收盤價同等於最高價時，互動意轉為真實擁有。

三日增減力於上引的觀察，有其幅度的大小變化，本意為增減過程暗空的輾轉強弱；漲勢過程若上引愈來愈長，顯意受阻情形加強；跌勢過程若上引愈來愈長，相反表態投資人於流程間愈來愈願意以更高價擁有該商品，意理截然不然。

▲圖 3-4　2015-06-11 佳格（1227）日線圖

8. 下引

　　最低價與下引是不同的物件，最低價本意失而又復得，下引本意暗多，單日力皆有最低價，但未必有下引，最低價僅有在收盤價同等於最低價時，互動意轉為真實失去。

　　三日增減力於下引的觀察，有其幅度的大小變化，本意增減過程暗多的輾轉強弱；跌勢過程若下引愈來愈長，顯意低接買盤增強；漲勢過程若下引愈來愈長，相反表態投資人於流程間平倉退場的賣壓愈來愈強烈，內涵相異其趣。

▲圖 3-5　2015-07-06 國喬（1312）日線圖

9. 練習複習

▲圖 3-6　2012-12-06 昇陽科（3561）日線圖

2012.12.05・C：18.85

2012.12.06・O：18.85　C：18.30　H：19.35　L：18.30

2012.12.07・O：18.50　C：18.10　H：18.65　L：18.05

2012.12.10・O：18.40　C：18.20　H：18.45　L：18.00

<請闡述此三日增減力之本意>

力勢互動 ◎◎ ○ ○

三日增減力第二式思考邏輯是將三日拆解為力與勢，由力勢表現互動理解三日所展現的本意，其主題架構可表達為：

③ → ① ‧ ②

當三日增減力由力‧勢的角度拆解時，可由力之幅度與勢之高低幅度，簡單區分是以力為主或以勢為主，若力之幅度較大，則以力為主思考，若勢之幅度較大，則以勢為主思考。

1. 力為主

當單日陰體幅度僅有未達陽體幅度三分一時，此陰不成氣候，但陰體仍可延伸，仍不能因此掉以輕心，例圖為單日陰延伸雙勢陰，增減力可由力勢互動推敲，感受買氣強於賣壓，目前仍以漲主導。

當單日陰體幅度達到陽體二分一時，需有警覺此陽已被減弱，雖然僅有陽體二分一，但陰體仍可延伸，例圖為單日陰延伸雙勢陰，由幅度觀點瞭解仍以力為主，但陽開卻岌岌可危，主導可能轉變。

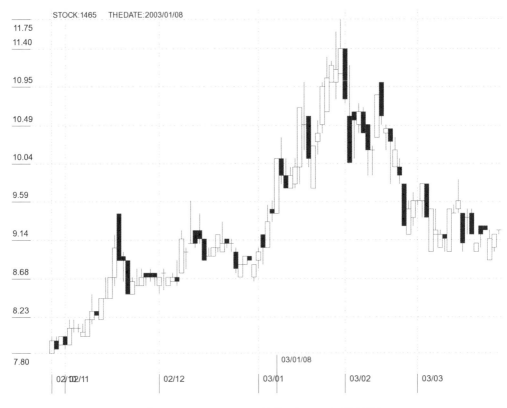

STOCK:1465　　THEDATE:2003/01/08

▲圖 3-7　2003-01-08 偉全（1465）日線圖

2003.01.07・C：9.45

2003.01.08・O：9.45　　C：10.10　　H：10.10　　L：9.45

2003.01.09・O：10.10　C：9.90　　H：10.35　　L：9.80

2003.01.10・O：9.90　　C：9.75　　H：10.10　　L：9.75

主題三日增減力的圖意示於左，從體之幅度總和可明確感受以力為主，若由高低幅度角度觀察，力之幅度仍略大於勢之幅度，目前仍以漲主導。

STOCK:1810　　THEDATE:2004/09/08

▲圖 3-8　2004-09-08 和成（1810）日線圖

2004.09.07・C：9.25

2004.09.08・O：9.25　C：9.85　H：9.85　L：9.25

2004.09.09・O：9.85　C：9.60　H：9.95　L：9.55

2004.09.10・O：9.60　C：9.35　H：9.70　L：9.35

　　　　　　　主題三日增減力的圖意示於左，力之高低幅度同等勢之高低幅度，明體力顯然陽體大於陰體，故瞭解以力為主，短暫仍以漲主導，但此陽已岌岌可危。

2. 勢為主

當單日陰體幅度達到陽體三分二時，需警覺陽已被破壞，實陽次日結果需守住陽體三分一，若僅守住陽體二分一，已難接受，若連二分一亦未能守住，僅能退守三分二，此陽本意為虛，倘若此陰為實陰，延伸同等陰體幅度，將守不住陽開，如同例圖所示，圖意展現仍有架構、位置需考慮，含意或有不同，重點理解當增減力的成果是以勢為主時，短暫的漲跌主導已經易位。

▲圖 3-9　2008-03-06 鴻友（2361）日線圖

當單日陰體達到陽體百分百以上時，觀察陽開與陽低是否有守住，例圖所示為陰力直接延伸同等陰體幅度，表明此陰為實陰，力之幅度與勢之幅度相比，勢之幅度較大，力・勢角度觀，以勢為主。

STOCK:2817　THEDATE:2001/08/31

▲圖 3-10　2001-08-31 富邦保（2817）日線圖

　　若陰開高、平於陽收，陰收平、低於陽開，取其象意為陰包陽；倘若陰開低於陽收，除非流程間曾經攻過平盤價，否則平盤價的攻守消失，相對於標準的陰包陽，即使收盤價亦低於陽開，標準式較為穩定；倘若陰收高於陽開，需警覺陽開的防守仍未放棄，後勢發展甚至可能出人意表。

3. 練習複習

STOCK:5498　THEDATE:2010/08/09

▲圖 3-11　2010-08-09 凱崴（5498）日線圖

2010.08.06・C：8.50

2010.08.09・O：8.50　C：9.08　H：9.09　L：8.50

2010.08.10・O：9.08　C：8.80　H：9.15　L：8.80

2010.08.11・O：8.80　C：8.52　H：8.80　L：8.50

＜請闡述此三日增減力之本意＞

STOCK:1439　THEDATE:2003/01/28

▲圖 3-12　2003-01-28 中和（1439）日線圖

2003.01.27・C：10.50

2003.01.28・O：10.50　C：11.20　H：11.20　L：10.10

2003.02.06・O：11.20　C：10.60　H：11.60　L：10.60

2003.02.07・O：10.60　C：9.90　H：10.90　L：9.90

<請闡述此三日增減力之本意＞

三日增減力第三式思考邏輯是將三日拆解為勢與力，由勢力表現互動理解三日所展現的本意，其主題架構可表達為：

③ → ② · ①

當三日增減力由勢 · 力的角度拆解時，可由勢之高低幅度與力之幅度，簡單區分是以勢為主或以力為主，若勢之幅度較大，則以勢為主思考，若力之幅度較大，則以力為主思考。

1. 勢為主

　　勢 · 力之勢，陽陽為順，重點觀察陰力幅度與勢之幅度的相對關係，二分一為關鍵，若陰力幅度達到勢之幅度二分一以上時，需警覺此陰若為實陰，再延伸同等陰體幅度，則勢低將守不住；若陰力幅度未達勢幅二分一，即使延伸同等陰體幅度，漲仍主導。

　　勢 · 力之勢，陽陰為逆，由此式三日增減力，可感受取名「增減」的內涵；陰包陽相當強，特別是強對強相靠時，若陰為實陰，次日合理有能延伸，結果買氣卻能守住價值位，甚至推升幅度，減弱此陰，雙日勢展現之強，第三日減其強意，此為增減過程。

STOCK:1742　THEDATE:2012/09/07

▲圖 3-13　2012-09-07 台蠟（1742）日線圖

2012.09.06・C：14.20

2012.09.07・O：14.20　C：15.15　H：15.15　L：14.10

2012.09.10・O：15.15　C：16.00　H：16.20　L：15.15

2012.09.11・O：16.00　C：15.15　H：16.00　L：15.15

　　主題三日增減力的圖意示於左，勢之高低幅度明顯大於力之高低幅度，勢力互動以勢為主，陰力幅度未達勢幅二分一，目前漲邊仍握有主導權。

STOCK:1566　THEDATE:2015/06/02

▲圖 3-14　2015-06-02 捷邦（1566）日線圖

2015.06.01・C：26.75

2015.06.02・O：26.75　C：27.95　H：28.30　L：26.70

2015.06.03・O：28.20　C：29.15　H：29.90　L：28.20

2015.06.04・O：29.35　C：27.90　H：29.50　L：27.65

　主題三日增減力的圖意示於左，勢幅雖大於力幅，但陰力幅度卻為三日最大，達到勢幅二分一以上，短暫雖仍以漲主導，跌已有能奪權，需相當警覺。

2. 力為主

　　勢 · 力之勢，陽陽為順，陰力展現強於雙日勢累積幅度，主導權易位，動能由漲弱轉跌強，後勢若能延伸同等陰體幅度，表明此陰為實，陰體價位水平將形成真實壓力，甚至成就短暫時空的高點。

▲圖 3-15　2001-04-23 精英（2331）日線圖

　　主題三日增減力的圖意示於左，雙日陽力累積上漲幅度未達陰力幅度三分二，主導權易位，例圖展現不僅單日陰強於雙勢漲，此陰甚至完成並帶動凝聚力量，造就時空高點，雖非歷史高點，但後勢已相當驚悚。

111

3. 練習複習

STOCK:4102　　THEDATE:2012/12/22

▲圖 3-16　2012-12-22 永日（4102）日線圖

2012.12.21・C：30.70

2012.12.22・O：30.70　C：32.80　　H：32.80　　L：30.70

2012.12.24・O：32.80　C：35.05　　H：35.05　　L：32.80

2012.12.25・O：35.05　C：33.35　　H：35.10　　L：33.20

<請闡述此三日增減力之本意>

四　勢勢互動

三日增減力第四式思考邏輯是將三日拆解為兩層雙日勢，即第一日與第二日所行之勢、第二日與第三日所行之勢，由第二日作橋梁，探討勢之順逆，由勢勢互動理解三日所展現的本意，其主題架構可表達為：

③ → ② × ②

1.　順順

（1）陽 ・ 陽 ・ 陽

陽陽為順，陽未必漲，為能掌握核心觀念，暫取穩定開平走高的三日漲中陽圖示，認知第一日 ・ 第二日陽陽為順，第二日 ・ 第三日陽陽為順，勢之順逆為順順，此三日成果為勢順成力道。

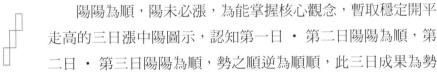

三日漲中陽行成力道，同等幅度有不同的完成方式，較具代表性為小而大、大而小，如同上圖所表示，大而小較自然，表達行勢過程買氣轉弱；小而大本意買氣轉強，行式有傷意，此漲短暫將結束，但漲勢未必就此作結束。

STOCK:1103　THE DATE:2007/06/11

▲圖 3-18　2007-06-11 嘉泥（1103）日線圖

　　例圖所示為小而大的力道，本意行勢買氣轉強，跳空開高測試過往同等價位水平轉折高，遭遇解套賣壓，買氣未能取得更大戰果，收盤結果收陰，此漲短暫作結束。

　　大而小的力道由於基底較實，遭遇賣壓較有能守住，小而大的力道需特別關注組成力的最大力，此力的低點為重要關卡，跌破此價需有警覺。

　　思考：由前述之力・勢觀，延伸探討力道・勢之內涵。

（2）陰・陰・陰

　　陰陰為順，陰未必跌，為能掌握核心觀念，暫取穩定開平走低的三日跌中陰圖示，認知第一日・第二日陰陰為順，第二日・第三日陰陰為順，勢之順逆為順順，此三日成果為勢順成力道。

STOCK:1103　THEDATE:2003/08/26

▲圖 3-19　2003-08-26 嘉泥（1103）日線圖

　　三日勢順成力道展現連續三日價值位同向發展，重點勢得以延續，力道的組成方式有不等之大小強弱，甚至力道可能帶有速度，例圖僅取於穩定式作範例。

115

　　三日跌中陰行成力道，同等幅度有不同的完成方式，較具代表性為小而大、大而小，如同上圖所表示，大而小較自然，表達行勢過程賣壓轉弱；小而大本意賣壓轉強，行式有傷意，此跌短暫將結束，但跌勢未必就此作結束。

▲圖 3-21　2011-06-16 華夏（1305）日線圖

　　例圖所示為賣壓轉強卻帶不出速度，行式於小而大的下跌力道，遭遇過往支撐，短暫結束，稍作休息再延伸。

2. 順逆

（1）陽·陽·陰

陽未必漲，陰未必跌，為能掌握核心觀念，暫取穩定開平，動能相若的陰陽力作圖示，第一日·第二日陽陽為順，第二日·第三日陽陰為逆，勢由順轉逆，此三日成果重增減過程的探討。

STOCK:2455　THEDATE:2003/03/03

▲圖 3-22　2003-03-03 全新（2455）日線圖

　　第一日·第二日陽陽為順，第一日之收與第二日之開將有支撐作防守，如同例圖所示，當賣壓有能跌破此價，表達強度較本意的跌破陽開更強，此為增減互動的成果。

（2）陰 ‧ 陰 ‧ 陽

　　　　大未必強，小未必弱，為能掌握核心觀念，暫取穩定開平，動能相若的陰陽力作圖示，第一日 ‧ 第二日陰陰為順，第二日 ‧ 第三日陰陽為逆，勢由順轉逆，此三日成果重增減過程的探討。

▲圖 3-23　2008-08-15 中華化（1727）日線圖

　　第一日 ‧ 第二日陰陰為順，第一日之收與第二日之開將行成壓力，陽包陰於流程間攻至陰收與陰高時，往往有激烈交戰，增減互動顯意此價的阻力較本意更強，突破亦需更為熱絡的買盤，此價將成為短暫時空漲跌必爭之價。

3. 逆順

（1）陽・陰・陰

　　　陽未必漲，陰未必跌，為能掌握核心觀念，暫取穩定開平，動能相若的陰陽力作圖示，第一日・第二日陽陰為逆，第二日・第三日陰陰為順，勢由逆轉順，此三日成果重增減過程的探討。

　　　陽陰相靠顯意陽為虛陽，陰能延伸表明陰為實陰，於第一日陽開與第二日陰收有激烈交戰，第二日又能延伸，本意而言此價俱備雙重內涵，它日漲至此價將遭遇壓力。

（2）陰・陽・陽

　　　大未必強，小未必弱，為能掌握核心觀念，暫取穩定開平，動能相若的陰陽力作圖示，第一日・第二日陰陽為逆，第二日・第三日陽陽為順，勢由逆轉順，此三日成果重增減過程的探討。

　　　陰陽相靠顯意陰為虛陰，陽能延伸表明陽為實陽，於第一日陰開與第二日陽收有激烈交戰，第二日又能延伸，本意而言此價俱備雙重內涵，此為增減過程的互動成果。

4. 逆逆

（1）陽‧陰‧陽

　　陽未必漲，陰未必跌，為能掌握核心觀念，暫取穩定開平，動能相若的陰陽力作圖示，第一日‧第二日陽陰為逆，第二日‧第三日陰陽為逆，勢行逆於逆，此三日成果重增減過程的探討。

▲圖 3-24　2003-03-18 南港（2101）日線圖

　　陽包陰展現買氣強於賣壓，但此陰的內涵有陰包陽，賣壓較本意的陰更強，故此式增減力所展現的買氣，相較本意的陽有雙重層次的更強，此為增減過程的互動成果。

（2）陰‧陽‧陰

　　　　　陽未必漲，陰未必跌，為能掌握核心觀念，暫取穩定開平，動能相若的陰陽力作圖示，第一日‧第二日陰陽為逆，第二日‧第三日陽陰為逆，勢行逆於逆，此三日成果重增減過程的探討。

STOCK:5531　THEDATE:2008/04/25

115.00
109.16
101.49
93.82
86.15
78.48
70.80
63.13
55.46
48.10

08/04/25

| 08/02 | 08/03 | 08/04 | 08/05 | 08/06 | 08/ |

▲圖 3-25　2008-04-25 鄉林（5531）日線圖

　　2008 年 4 月有兩組關鍵的陰‧陽‧陰，一組較高，一組較低，圖表所標示為較低者，除本意的陰‧陽‧陰展現，請思考：高低兩組陰‧陽‧陰的互動內涵，意理如何？

五 綜合練習 ◎◎ ○ ○

▲圖 3-26　2002-05-20 立隆電（2472）日線圖

　　從例圖標示的交易日開始，連續六日有四組三日增減力：

　　請嘗試闡述圖意。

第4篇

四日勢成段 · 五日確認段

　　三日增減力是認識圖意輾轉變化的基礎，超過三日若行成
不順，可拆解為連續多組三日增減力，理解買賣氣於過程中的
轉變，惟勢順達到力道以上的多日組合，值得延伸探討，此因
人類時間有週循環的韻律，通常五個交易日為一週，當擁有連
續四日勢順，從週的角度已完成百分之八十，結果大致底定，
故稱四日勢成段，段的主要功能為連結日與週，當五日勢順則
確認完成週的百分百，故稱五日確認段。

▲圖 4-1　2012-12-10 紅電醫（1799）日線圖

請完成第肆篇的學習後，請嘗試指出例圖中的段。

段之時間 ◎◎ ○ ○

1. 高低轉折定位

STOCK:1101　THEDATE:2012/03/01

▲圖 4-2　2012-03-01 台泥（1101）日線圖

　　剛開始認識段，暫先簡化段的主體，取於連續下跌或上漲數日，如同例圖所標示，即為連續五日之跌，此為下跌段主體，但段的時間並非如此計算完畢，尚需考慮段之高低轉折，本例高低轉折與段之主體重疊，故段之時間與主體的時間相同，皆為五日，段之組成由起始力先轉小再轉大，第五日的高低幅度甚至大於前四日的高低幅度，有其傷意。

STOCK:1201　　THEDATE:2012/03/23

▲圖 4-3　2012-03-23 味全（1201）日線圖

　　　　例圖所標示之下跌段，段之主體為連續四日之跌，再來關注高低轉折，高轉折作為段之始，發生於主體的前一日，如左示意圖的第一日，真實遭遇賣壓開始跌的價，發生於此日之高，故段的時間需由此開始計算，此段的低轉折與主體重疊，故瞭解此下跌段的時間為五日，高轉折以漲中陽最高價遭遇賣壓，作為段之起始，主體由小而大跌至行傷，低轉折部份，以主體迄日最低價引進買氣，作為段之終結。

STOCK:1203　　THEDATE:2007/12/13

07/12/13

▲圖 4-4　2007-12-13 味王（1203）日線圖

　　例圖所標示之下跌段，段之主體為連續四日之跌，再來關注高低轉折，高轉折作段之起始，與主體重疊，低轉折作段之終結，發生於主體後一日，真實引進買氣開始漲的價位，發生於此日之低，故段的時間需計算至此，計五日；下跌段由跳空開高遭遇賣壓，結果收跌，作段之起始，賣壓延續過程，雖有買氣試圖防守卻失敗，留下跌中陰之下引，次日開小低延伸穩定跌，行進轉速度跌，然此速度跌之次日開低引進買氣，推升價位，結果收漲，下跌段於此作結束。

STOCK:1312   THEDATE:2012/12/13

▲圖 4-5　2012-12-13 國喬（1312）日線圖

　　例圖所標示之下跌段，段之主體為連續六日之跌，再來關注高低轉折，高轉折作段之起始，發生於主體的前一日，如左示意圖的第一日，遭遇賣壓發揮於次日跳空開低，故段的時間需由此開始計算；低轉折作為段之終結，發生於主體後一日，真實引進買氣開始漲的價，發生於此日之低，故段的時間需計算至此，計八日；下跌段由速度本意陽高炮作為段之起始，主體組成由受阻不順輾轉為順暢穩定，最後由跳空開低引進買氣推升價位，結果收漲，下跌段作結束。

2. 超越週的時間觀

▲圖 4-6　2007-06-25 三晃（1721）日線圖

　　段的功能在於連結日與週的層級，故勢順達到四日以上即開始進入週層級的領域，若行情層級是週層級以上，如同例圖所示，段的時間為十九日，換算週數已接近四週，圖意展現不僅由日進入週，甚至週可以延續週以上，雖此類行情有其獨特性，但不再為此特別取名，依然歸類為段。

　　超越週層級的行情，過往時空股票初上市櫃的蜜月行情常發生，從交易制度改為初上市櫃前五日無漲跌幅限制後，此類蜜月行情已不復見，僅剩大多頭漲勢過程的個股表現。

3. 練習複習

STOCK:2384　　THEDATE:2012/11/09

▲圖 4-7　2012-11-09 勝華（2384）日線圖

請嘗試指出例圖中的段。

二 段之幅度 ◎◎○ ○

　　段的高低轉折定位後，接下來關注的是段的幅度，段的幅度為高轉折價減去低轉折價，由於段可能發生於不等高低價值位，故段的幅度需經過換算％數的過程，瞭解漲跌段相對商品價值的互動內涵，再定**無意義**、**有動能**、**有意義**、**有價值**之四式，瞭解其涵蓋範圍，理解定名的源點，方便它日延伸探討。

▲圖 4-8　2012-10-05 一詮（2486）日線圖

　　當完成本章學習後，請嘗試指出例圖中的段並計算幅度、％數。

1. 無意義

▲圖 4-9　2012-05-22 群光（2385）日線圖

高轉折價：56.80

低轉折價：54.60

段之幅度：56.80 － 54.60 ＝ 2.20

段之％數：2.20 ÷ 56.80 ＝ 3.87%

　　若段的幅度換算％數為 0% 至 5%，歸類為無意義的段，如例圖所示的下跌段，在日數方面雖達到四日以上，計算幅度換算％數卻未達 5%，認知此下跌段為無意義的段。

2.　有動能

▲圖 4-10　2012-11-28 微星（2377）日線圖

低轉折價：13.10

高轉折價：14.20

段之幅度：14.20 － 13.10 ＝ 1.10

段之％數：1.10 ÷ 13.10 ＝ 8.40%

　　若段的幅度換算％數為 5% 至 10%，歸類為有動能的段，如例圖所示的上漲段，在日數方面達到六日，計算幅度換算％數落入此區間，認知此上漲段為有動能的段。

3. 有意義

▲圖 4-11　2011-01-28 神達（2315）日線圖

高轉折價：15.30
低轉折價：13.15
段之幅度：15.30 － 13.15 = 2.15
段之%數：2.15 ÷ 15.30 = 14.05%

　　若段的幅度換算%數為 10% 至 15%，歸類為有意義的段，如例圖所示的下跌段，日數為五日，計算幅度換算%數落入此區間，認知此下跌段為有意義的段。

4. 有價值

STOCK:6269　THEDATE:2012/06/14

▲圖 4-12　2012-06-14 台郡（6269）日線圖

低轉折價：108.0

高轉折價：130.0

段之幅度：130.0－108.0 = 22.0

段之％數：22.0 ÷ 108.0 = 20.37%

　　若段的幅度換算％數在 15% 以上，歸類為有價值的段，如例圖所示的上漲段，日數為五日，計算幅度換算％數已達到 15% 以上，認知此上漲段為有價值的段。

5. 練習複習

▲圖 4-13　2011-05-31 神達（2315）日線圖

低轉折價：10.55

高轉折價：13.45

段之幅度：＿＿＿＿＿＿＿＿＿＿＿＿＿＿＿

段之％數：＿＿＿＿＿＿＿＿＿＿＿＿＿＿＿

請判別例圖所示之段按本章定義為何式之段？

三　段之方式 ◐ ○ ○ ○

　　若段的高低轉折與段的主體皆未重疊，由四日勢成段的定義可瞭解，造就段的主體日數至少有兩日，若相接兩日實體皆達到 3% 以上，暫先設定開盤價未展現速度意之開高低，可延伸探討段之行成方式，主題有其穩定、紮實、穩紮之三式。

1. 穩定式

▲圖 4-14　2009-05-20 金益鼎（8390）日線圖

　　例圖所標示的段，其主體組成之實體達到 3% 以上，力力相接開於漲跌微弱位，稱此段之行成方式為穩定式。

2. 紮實式

STOCK:1220　THEDATE:1995/11/14

25.50
24.79
23.86
22.93
22.00
21.07
20.14
19.22
18.29
17.40

95/11/14

95/09　　95/10　　95/11　　95/12　　96/01

▲圖 4-15　1995-11-14 台榮（1220）日線圖

　　觀察段的主體，接續方式為體體相接有四日，當組成實體達到 3% 以上，開盤價開在實體內且開於逆邊弱位，而此開仍開於實體的 1/3 內，相接方式稱為撮合，段之行成方式為紮實式，它日價位再回至此價，將遭遇較強烈的抵抗。

　　開盤價開於逆邊弱位，表達此開已有意義，並非無意義清淡跳空之開高低，雖然開於逆位卻僅開在實體的 1/3 內，表明此力為實，倘若開盤守不住明體 1/3，並非此章討論範圍。

3.　穩紮式

STOCK:6203　　THEDATE:2007/11/02

▲圖 4-16　2007-11-02 海韻電（6203）日線圖

　　段之主體既有其穩定開平走高，亦有紮實開低走高，段之行成方式稱為穩紮式，穩定與紮實發生有其先後順序，從自然理角度切入，愈漲遭遇不等式賣壓合理應愈強，先穩定再紮實之組成較自然，例圖所示為先紮實再穩定，雖然看似順暢，行進過程已有傷意，此為行穩紮式之延伸探討。

4. 練習複習

▲圖 4-17　2006-09-11 朋程（8255）日線圖

< 請嘗試闡述圖意 >

四　段之行傷 ◎◎ ○ ○

　　無論上漲段或下跌段，除非跌至下市，終有作結束的時候，舉上漲段為例，若結束的過程是導因於己方買氣愈趨謹慎，遭遇過往解套賣壓作結束，屬合理的行勢過程，圖意展現將有其受阻情形愈來愈沉重的事實，此現象在漲跌循環過程相當正常。

　　金融市場買賣交易，完成交易的對象是人類，人類屬自然的部份，但行為舉止卻未必合於自然理，如同人類的瘋狂與恐懼，不理性的種種行為，歷史不斷地重演，因此圖意展現尚有其不合自然理的部份，舉凡不考慮補給線的行勢過程，皆有傷意。

　　合於自然理作結束的行勢過程，因圖意展現尚未陷入瘋狂，後勢輾轉過程亦將漸進演變；不合於自然理作結束的行勢過程，因圖意展現有狂暴或竭盡的意象產生，後勢變化可能相當激烈，段之行傷主題探討即為此類不合自然理的行成過程。

　　認知行傷是金融操作相當重要的環節，日常生活常提醒不要樂極生悲，參與行情於獲利過程特別要保持頭腦清醒，倘若圖意已有傷意卻未提高警覺，遭逢後勢劇烈變化往往不知所措，雖然行傷未必緊接劇烈變化，但危機意識的培養需從平時作起，實戰過程能周全思考卻又不會反應過度，認識行傷絕對不可或缺。

1. 漲段行傷

（1）力道傷

STOCK:2207　THEDATE:2011/11/25

```
178.00
171.72
163.46
155.21
146.95
138.69
130.44
122.18
113.92
106.00
```

11/11/25

| 11/09 | 11/10 | 11/11 | 11/12 | 12/01 | 12/02 |

▲圖 4-18　2011-11-25 和泰車（2207）日線圖

　　漲耗源，跌輕快，漲勢過程遭遇賣壓合理應愈來愈沉重，當行勢於陽體幅度愈來愈大，表示流程間的買氣愈來愈強，而且每日愈來愈有斬獲，於自然理不合，需有警覺，雖然上漲段之結束未必為漲勢結束，但行傷可能伴隨深幅回檔，若能提高警覺，操作將更能保留戰果。

（2）速度傷

STOCK:9940　THEDATE:2009/03/20

▲圖 4-19　2009-03-20 信義（9940）日線圖

　　開盤價表達預期心，盤前掛進的追價買氣，表現於開盤價開高，漲勢過程合理遭遇賣壓愈來愈沉重，追價買氣愈來愈謹慎；當盤前掛進追價買氣愈來愈強，開盤價愈開愈高，需警覺此上漲段已傷速，若收盤價仍能收於漲停價，此傷仍可能續傷，當開高輾轉未能再續開更高，收盤價未能再收至漲停，皆為漲段將作結束的警訊。

▲圖 4-20　2009-09-09 美格（2358）日線圖

連續漲停的漲勢過程中，由速度轉為急速，速度意展現於下引幅度，當漲停破盤打開，準備進場的資金愈積極，下引幅度將愈短，漲勢過程進入連續漲停，漲停板破盤打開，買氣相反表現愈來愈積極，於自然理不合，此時需關注買氣的輾轉變化，因傷速可續傷，甚至由急速陽Ｔ字轉極速陽一字，當開盤由開漲停輾轉開不到漲停，甚至收盤未能再收漲停，此暴漲、狂飆已離結束不遠。

（3）幅度傷

STOCK:2305　THEDATE:2004/04/09

▲圖 4-21　2004-04-09 全友（2305）日線圖

　　買氣推升價值位的過程，投資人無論是趨於謹慎或出現惜售的心態，力之高低幅度皆會縮小，需瞭解愈熱絡的力愈耗源，行進過程力之幅度愈漲愈大為傷幅，需警覺漲段將作結束；通常傷力道的行進方式亦會傷幅度，此因陽體幅度亦屬高低幅度的部份，剛開始認圖，容易將傷力道與傷幅度混淆，原因亦如是，需回歸源點探討傷的本意，瞭解單式傷意後，延伸理解多式綜合之行傷。

（4）練習複習

STOCK:3545　THEDATE:2009/05/19

▲圖 4-22　2009-05-19 旭曜（3545）日線圖

＜請嘗試闡述此段的傷意＞

2. 跌段行傷

（1）力道傷

▲圖 4-23　2012-10-23 中化生（1762）日線圖

　　下跌段的力道展現於陰體幅度，當行勢行於陰體幅度愈來愈大，表明流程間賣壓轉強，若從漲耗源、跌輕快的漲跌本質切入思考，感受跌出明體陰是相當不妥的，跌不出輕快已背離跌的本質，故瞭解上漲段行力道傷與下跌段行力道傷雖然皆為行傷，但傷意的本質略有不同，雖然下跌段的結束並非跌勢結束，多份警覺有益無害。

（2）速度傷

STOCK:6237　　THEDATE:2010/10/29

▲圖 4-24　2010-10-29 驊訊（6237）日線圖

　　下跌本質輕快，跳空開低相當正常，但連續跳空開低，愈開愈低卻未能開至跌停，甚至跌出明體大陰、開於跌停價前數檔位，皆需有所警覺，當圖意展現投資人的恐慌感逐漸消失，低接買盤勇敢投入，皆為結束徵兆，惟下跌過程投資人容易觀望，當愈開愈低甚至開至跌停，行勢未必傷速，漲跌不等意，重點需回歸漲跌本質思考。

（3）幅度傷

STOCK:2355　THEDATE:2007/08/13

▲圖 4-25　2007-08-13 敬鵬（2355）日線圖

　　力之高低幅度表達當日撮合之清淡、熱絡，下跌過程投資人易觀望，愈跌愈清淡方符合跌的本質，若愈跌參與買賣交易愈熱絡，需警覺買賣氣轉熱絡，此跌已有傷幅意，如同例圖展現的陰力高低幅度愈來愈大，下引的幅度亦愈來愈大，顯意暗多買盤漸轉強，下跌段將結束。

（4）練習複習

▲圖 4-26　2012-10-24 進階（3118）日線圖

<請嘗試闡述此段的傷意>

五 綜合練習 ◎◎ ○ ○

STOCK.4160　　THEDATE:2012/10/23

▲圖 4-27　2012-10-23 創源（4160）日線圖

<請嘗試闡述此段的傷意>

STOCK:3545　　THEDATE:2011/03/09

▲圖 4-28　2011-03-09 旭曜（3545）日線圖

＜請嘗試闡述此段的傷意＞

STOCK:3062　THEDATE:2012/11/29

▲圖 4-29　2012-11-29 建漢（3062）日線圖

＜請嘗試闡述此段的傷意＞

5

一段為力道 · 兩段為速度

從基礎四價開始，進入基本十六式買賣單力，延伸雙日順逆勢，互動三日增減力，由三日的組成認知勢順成力道，達到四日勢成段、五日確認段，理解段的功能在於連接日與週，接下來的篇章要將段從單段的瞭解擴充至多段的組合，理解耗之行與組之形／型的差異。

當取於段作單獨的探討時，如同先前篇章所使用的示意圖，重點探討此段本身的內涵，不與圖意的其它部份作互動，認知段之時間、段之幅度、段之％數、段之方式、段之行傷，段的主體藉由體幅展現力道，跳空開高低與上下引表現速度，從這個角度切入理解的力道與速度，不同於標題設定的力道與速度，讀者需先確立此觀念。

一段為力道所談的力道與三日勢順成力道較接近，不在意完成的方式為力道式或速度式，廣涵探討段的成果；二段為速度所談的速度是相對速度，段有其時間與幅度，告知完成幅度所耗費的時間，但是此段於生命歷程、時空高低、空間力量的完成速度是快是慢，需互動圖意的其它部份方能判別，二段為速度深入研討漲跌對比的相對觀。

由於段本身的觀察點已於先前篇章簡單概述，本篇將主題著重於行進過程之減緩、減弱、破壞、扭轉、逆轉，整理過程之對比強弱，藉由漲跌、跌漲的互動，導引二段為速度的基礎觀念。

一　行進對比 ◎◎ ○ ○ ○

1.　漲回

（1）減緩 <1/3>

STOCK:1216　　THE DATE:2003/10/01

▲圖 5-1　2003-10-01 統一（1216）日線圖

　　一漲一跌為漲跌對比，當此漲為順勢漲，跌為逆勢回，可更精準地稱此漲跌對比為漲回對比，若回檔的相對比例為 1/3時，稱此回檔減緩上漲勢，順勢過程期待後勢有能續漲前段幅度，稱上漲回檔走續漲。

（2）減弱 <1/2>

STOCK:1236　THEDATE:2002/10/29

▲圖 5-2　2002-10-29 宏亞（1236）日線圖

　　若回檔的相對比例為 1/2 時，稱此回檔減弱上漲勢，順勢過程期待後勢將行二次反轉，稱上漲回檔組力量；例圖所示即為順勢過程對後勢的合理期待，然實戰過程將遭遇各式變化，並非總是順勢行勢，需有正確觀念；「二次反轉」與「力量」的概念，將於第柒篇再作介紹。

（3）破壞 <2/3>

STOCK:1442　　THEDATE:2010/08/12

10/08/12

▲圖 5-3　2010-08-12 名軒（1442）日線圖

　　若回檔的相對比例為 2/3 時，稱此回檔破壞上漲勢，順勢過程期待後勢將進入橫向力量組合，稱上漲後回檔組力量；上漲後回檔與上漲回檔不同，差異在上漲後的深幅較深；組力量方式亦相異，差別為上漲回檔組力量有將前轉折組進力量內，上漲後回檔組力量則未將前轉折組進力量內，例圖為上漲後回檔組力量的真實歷史圖。

（4）扭轉 <100/100>

STOCK:1466　　THEDATE:2007/07/23

▲圖 5-4　2007-07-23 聚隆（1466）日線圖

若回檔的相對比例超過 2/3 進入百分百時，稱此回檔扭轉上漲勢，由於百分百可能高、平、低於段的啟動價，真實結果若低於此價則扭過，高於此價則扭不過，扭過與否決定漲跌主導權是否易位，重點扭轉漲勢的後勢將使漲勢轉為整理勢，此為實戰過程重要的觀察點。

（5）逆轉 <125/100>

STOCK:1529　THEDATE:2003/01/17

▲圖 5-5　2003-01-17 樂士（1529）日線圖

　　若回檔的相對比例達到 125/100，稱此回檔逆轉上漲勢，擁有段之漲表示漲的層級已從日進入週，轉折回檔非但跌破整段漲，甚至上漲段的起漲價亦守不住此賣壓，延伸達到 125/100 方能讓下跌段作結束，此跌的層級亦已從日進入週，而且真實結果顯示跌強於漲，行於單峰作結束亦不意外，後勢至少需進入形以上的整理，方有能再重啟漲勢，需瞭解逆轉上漲段所展現的逆勢力相當強。

（6）練習複習

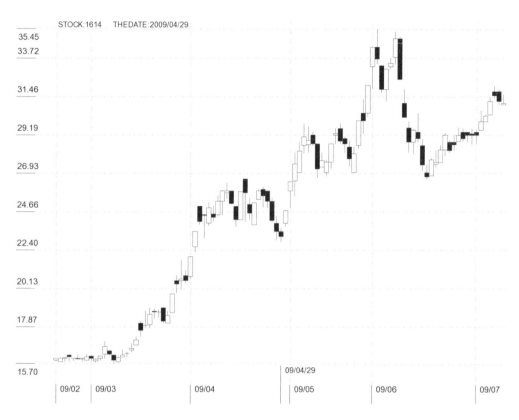

▲圖 5-6　2009-04-29 三洋電（1614）日線圖

<請嘗試闡述圖意>

2. 跌彈

（1）減緩 <1/3>

▲圖 5-7　2002-08-29 台聚（1304）日線圖

　　一跌一漲為跌漲對比，當此跌為順勢之跌，漲為逆勢之彈，可更精準地稱此跌漲對比為跌彈對比，若反彈的相對比例為 1/3 時，稱此反彈減緩下跌勢，順勢過程期待後勢有能續跌前段幅度，稱下跌反彈走續跌。

（2）減弱 <1/2>

STOCK:1526   THEDATE:2002/04/17

▲圖 5-8　2002-04-17 日馳（1526）日線圖

　　若反彈的相對比例達到 1/2 時，稱此反彈減弱下跌勢，順
勢過程期待後勢將行二次反轉，稱為下跌反彈組力量；漲跌於
本質不同，漲時總有獲利平倉賣壓，跌時相反容易觀望，減弱
下跌勢的圖意常出現，但再加上反彈需成段的條件，頻率將驟
減，故減弱下跌勢的圖意常見不成段的彈、不實形以下的組。

（3）破壞 <2/3>

STOCK:1590　　THEDATE:2011/09/09

▲圖 5-9　2011-09-09 F- 亞德（1590）日線圖

　　若反彈的相對比例為 2/3 時，稱此彈破壞下跌勢，順勢過程期待後勢將行於橫向組力量，稱下跌後反彈組力量，與前述下跌反彈組力量不同，差異在是否有將前轉折組進力量內；成段反彈破壞下跌勢出現的頻率相較成段反彈減弱下跌勢為高，此因破壞的觀念有其逆勢力展現實力的意，破壞下跌勢更是如此，因跌勢過程投資人易觀望、恐慌，思考買氣從何而來，將更有體會。

（4）扭轉 <100/100>

STOCK:2009　　THEDATE:2008/10/21

▲圖 5-10　2008-10-21 第一銅（2009）日線圖

　　　若反彈的相對比例超過 2/3 進入百分百時，稱此反彈扭轉下跌勢，由於百分百可能高、平、低於段的啟動價，真實結果若高於此價則扭過，低於此價則扭不過，扭過與否決定漲跌的主導權是否易位，然跌勢行於扭轉與漲勢行於扭轉相當不同，扭轉漲勢直接轉為跌勢的頻率，相對於扭轉跌勢直接轉為漲勢的頻率為高，此因漲耗源、跌輕快，跌勢結束不容易，故扭轉跌勢往往進入整理勢。

（5）逆轉 <125/100>

STOCK:2010　THE DATE:2008/10/21

08/10/21

08/08　　08/09　　08/10　　08/11　　08/12

▲圖 5-11　2008-10-21 春源（2010）日線圖

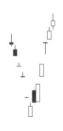

　　若反彈的相對比例達到 125/100，稱此反彈逆轉下跌勢，跌勢過程投資人觀望、恐慌，行於下跌段表達跌的層級由日進入週，此時買氣能守住價值位已相當不容易，真實結果非但能守住，尚能推升幅度，續於時間行成段之漲，甚至突破下跌段的啟動價達到 125/100 方結束，買氣強烈展現轉勢的決心，但跌勢結束不容易，後勢仍將進入整理勢，重點接下來組合的力量以漲勢力量頻率高。

（6）練習複習

STOCK:2314　THE DATE:2008/09/11

08/09/11

08/07　　08/08　　08/09　　08/10　　08/11

▲圖 5-12　2008-09-11 台揚（2314）日線圖

< 請嘗試闡述圖意 >

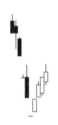

二 整理對比 ◎◎ ○ ○

1. 漲跌對比

（1）漲強跌弱

STOCK:1225　THEDATE:2008/06/13

▲圖 5-13　2008-06-13 福懋油（1225）日線圖

　　將整理過程中的漲段、跌段作高低定位後，計算漲段與跌段的日數，原則是以日數較少的段為強，此因完成同等幅度以愈少日數者愈快完成，惟考慮漲耗源、跌輕快之本質，超過五日的段，每多一週，漲段可多一日。

（2）漲跌同等

▲圖 5-14　2011-08-26 台泥（1101）日線圖

例圖所標示的上漲段日數為五日，下跌段的日數為五日，雖然段之幅度並非完全同等，但相對比例已接近百分百，故瞭解漲跌對比視為同等，實戰過程認知同等仍稍嫌不足，左圖特寫例圖的漲跌對比，可感受漲段行成方式相較跌段稍有不順；組成力部份，跌段組成的最大力較漲段組成的最大力更大，顯意跌段的力道稍強，從前述探討可知，即使日數同等，對比中絕無完全相同的二段。

（3）漲弱跌強

STOCK:1321　　THEDATE:2006/05/23

▲圖 5-15　2006-05-23 大洋（1321）日線圖

　　例圖所標示的上漲段日數為四日，下跌段的日數為四日，但實際完成同等整理漲幅度的下跌日數為三日，故瞭解漲跌對比雖然同為四日段，真實結果為漲弱、跌強的對比，因對比發生於整理過程，所以圖意展現不能以逆轉表達此漲跌對比，即使相對比例有 125/100 的像意，依然不能亂套行進過程的表達法，養成好習慣相當重要。

（4）練習複習

▲圖 5-16　2002-05-06 聲寶（1604）日線圖

＜請嘗試闡述圖意＞

2. 跌漲對比

（1）跌強漲弱

STOCK:2484　　THEDATE:2012/03/03

▲圖 5-17　2012-03-03 希華（2484）日線圖

　　例圖所標示的下跌段日數為四日，上漲段的日數為六日，單純從日數的角度來談，下跌力道較強，從對比的真實戰果來談，跌段的啟動價未被突破，雖然百分百卻未高於，從組成力與完成方式來談，下跌組成的最大力較上漲組成的最大力更大，下跌的完成方式亦較為順暢，從前述可瞭解，此對比從內而外皆為跌強、漲弱的對比。

（2）跌漲同等

▲圖 5-18　2003-03-06 永大（1507）日線圖

　　　例圖所標示的下跌段日數為四日，上漲段的日數為四日，從日數的角度來談，跌漲對比為同等日數；從對比的真實戰果來談，買氣僅能試下跌段的啟動價，下跌段略勝一籌；從組成力來談，跌段組成的最大力，較漲段組成的最大力更大，表示下跌段的力道略強；從完成方式來談，跌段先轉小再轉大，漲段則是小而大行傷再轉速，皆有敗筆，整體而言，跌漲對比雖日數同等，跌段略強。

STOCK:1457　　THEDATE:2010/11/19

▲圖 5-19　2010-11-19 宜進（1457）日線圖

　　例圖所標示的下跌段日數為六日，上漲段的日數為七日，按超過五日，每多一週，漲段可多一日的計數原則，此對比為跌漲同等之對比；從對比的真實戰果來談，買氣有能創跌段的啟動價，上漲段略勝一籌；從組成力來談，漲段組成的最大力較跌段組成的最大力更大，而且漲段的最大力為陰陽轉之轉折陽，表明上漲段力道略強；從完成方式來談，跌漲並無明顯優劣，整體以漲段略強。

（3）跌弱漲強

STOCK:1457　THEDATE:2010/10/22

▲圖 5-20　2010-10-22 宜進（1457）日線圖

　　例圖所標示的下跌段日數為八日，上漲段的日數為七日，從日數角度來談，此為跌弱、漲強之對比；從對比的真實戰果來談，買氣有能創跌段的啟動價，上漲段略勝一籌；從組成力來談，漲段組成的最大實體幅度同等跌段組成的最大實體幅度，取於漲跌段最大實體日探討，漲段該組成力較跌段該組成力強，上漲段再勝一籌；完成方式以下跌段較穩定；從跌漲對比的展現，跌弱、漲強。

（4）練習複習

▲圖 5-21　2011-03-14 集盛（1455）日線圖

＜請嘗試闡述圖意＞

三 反意行勢 ◎◎ ○ ○

1. 弱中強

▲圖 5-22　2004-04-14 台泥（1101）日線圖

　　下跌行進過程遭遇逆勢力，有 1/3、1/2、2/3、100/100、125/100 不等的反彈相對比例，按邏輯思考，逆勢力愈弱，反彈高度愈低，後勢順勢延伸愈輕鬆，例圖所示反彈相對比例僅有 1/4，按邏輯理應順勢延伸順暢下跌幅度，真實結果相反進入橫向力量組成，需警覺逆勢力並非表象的弱，相反弱中透強。

STOCK:1102　　THEDATE:2002/12/30

▲圖 5-23　2002-12-30 亞泥（1102）日線圖

　　上漲行進過程遭遇逆勢力，有其 1/3、1/2、2/3、100/100、125/100 之不等深幅的回檔相對比例，按邏輯思考，逆勢力愈弱，回檔深度愈淺，後勢順勢延伸愈輕鬆，例圖所示回檔相對比例僅有 1/4，按邏輯思考，理應順勢延伸順暢上漲幅度，真實結果相反進入橫向力量組成，然漲跌本質有其漲耗源、跌輕快，漲勢過程組力量並無不妥，重組再續漲卻僅有 1/2 前段幅度即遭遇賣壓，而且是強方式陽陰轉折，發展至此需有警覺，先前的逆勢力是弱中透強。

2. 強中虛

STOCK:1103　　THEDATE:2007/09/19

▲圖 5-24　2007-09-19 嘉泥（1103）日線圖

上漲回檔減緩上漲勢，表示逆勢力弱，順勢行勢行於續漲勢，稱上漲回檔走續漲，例圖所示為上漲回檔相對比例 1/3，後勢未直接走續漲勢，相反進入橫向力量組合，故瞭解圖意表現強中虛，強的意思是指順勢強，而虛所指為力量不足，需重組力量，若組合結構無缺陷，原則仍有能延伸順勢行情；若結構有缺陷或組合時間過長，將有組合逆勢力量的可能，需瞭解力量組合屬 1/2 以下的領域。

3. 竭盡強

STOCK:1315　THEDATE:2002/04/01

▲圖 5-25　2002-04-01 達新（1315）日線圖

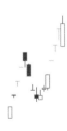

　　上漲回檔減弱、破壞上漲勢，表示逆勢力強，後勢合理將
進入入力量組合，例圖所示並未進入入力量組合，相反直接走續
漲，表象顯意勢強，實則該組未組直接延伸，如同參與百米賽
跑，源已耗盡卻不休息繼續再跑，將有其竭盡意，故稱此勢強
為竭盡強；瞭解順勢行勢有助於理解竭盡行勢，不該組卻組有
虛意，該組卻不組有竭意，此為行勢互動意。

4. 弱破強

STOCK:1102　THE DATE:2007/08/14

▲圖 5-26　2007-08-14 亞泥（1102）日線圖

　　例圖所標示的下跌段日數為四日，上漲段日數為七日，從日數角度來談，此為跌強、漲弱；從段的組成力來談，下跌段力道強於上漲段；從段的完成方式來談，下跌力道強，完成方式順暢，漲段組成力弱，完成過程雖然受阻卻無特別不順；從真實戰果來談，漲段突破跌段的啟動價；表象雖為跌強、漲弱，行為卻是弱中透強，甚至相對強者更強，弱段的展現彷彿是用尺畫出來的，此為弱破強之反意行勢。

5. 練習複習

▲圖 5-27　2007-09-13 統一（1216）日線圖

< 請嘗試闡述圖意 >

四 綜合練習 ◑ ○ ○

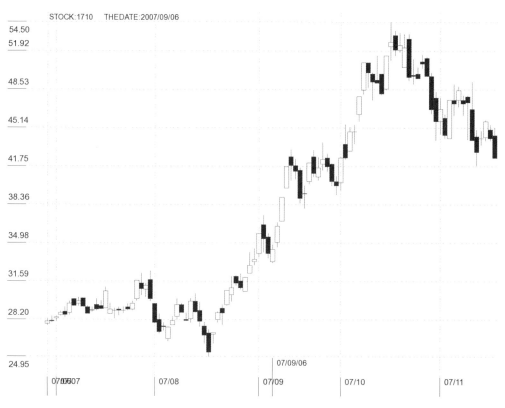

▲圖 5-28　2007-09-06 東聯（1710）日線圖

<請嘗試闡述圖意>

第 **6** 篇

三段順為波 · 不順為增減

　　段的主題可由高低轉折定位、段之啟動、段之主體、段之結束作基礎，延伸探討段之組成力、段之完成方式，順逆對比之相對比例、整理對比之真實戰果，瞭解順勢行勢進而理解反意行勢，在介紹對比前的篇幅，例圖的選擇受限於漲段的組成力需收高、平於昨收，跌段的組成力需收平、低於昨收，此為方便引領進入段的領域，段的內涵絕對不僅於此，若先前所談的段是狹義的段，接下來要談廣義的段。

　　圖意展現有其行勢角度，先前談的四日勢成段，圖意取於連續收高、平於昨收達四日為漲段，連續收低、平於昨收達四日為跌段，而廣義的漲段尚有其上漲上傾續漲、上漲橫向續漲，廣義的跌段尚有其下跌下傾續跌、下跌橫向續跌，重點行勢角度保持水平以上為漲段，水平以下為跌段，重點需瞭解段的價值位於時空漲跌循環有關聯性，先能辨認狹義而標準的段，將有助於理解廣義而複雜的段。

　　段的思維可由人類的行為舉止取象，如同人類正常睡眠有其時間與品質，隨著體質不同或許有別，若固定觀察對象，每日所需的睡眠時間與品質差異不大，圖意形於整理過程的段即有此意；人類的體能個體相異甚大，若固定觀察對象，以力量不耗竭為前提，每次休息與休息間的行進距離亦有其關聯性，圖意行於行進過程的段即有此意；段的內涵生動活潑，引領讀者從狹義進入廣義是本篇的重點。

段段行傷 ◎◎ ○○ ○

　　漲跌對比、跌漲對比為漲段與跌段的互動關係，既然漲段與跌段可相比，漲段與漲段、跌段與跌段自然亦可比，先從順勢的二段相比認識段對段有其行傷勢，二段行傷基礎四式：二段強於一段傷力、二段快於一段傷速、二段大於一段傷幅、綜合前三傷之綜傷，認識漲跌行進過程之二段行傷，為本章的學習重點。

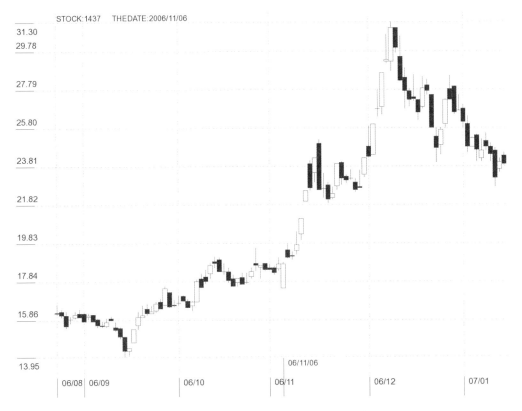

▲圖 6-1　2006-11-06 勤益（1437）日線圖

完成本章的學習後，請嘗試定位並表述例圖中行傷的二段。

1. 漲勢過程

（1）力道傷

STOCK:1701　　THEDATE:2012/01/16

▲圖 6-2　2012-01-16 中化（1701）日線圖

　　左圖示意例圖所取之二段，幅度方面，第一段與第二段相近；完成時間方面，第一段為九日，第二段為四日，第二段較快；組成力方面，第二段的最大力較第一段的最大力更大，買賣氣亦明顯以第二段較熱絡，認知二段強於一段，行於力道傷。

（2）速度傷

STOCK:1471   THEDATE:2012/01/16

▲圖 6-3　2012-01-16 首利（1471）日線圖

　　上漲行於二段，並非無故隨取之二段，此二段需有其關聯性，此關聯與虛耗的量源有關；左圖示意例圖所取之二段，二段的幅度相近，組成最大力幅相近，完成同等幅度的時間，第一段為九日，第二段為六日，圖意展現顯然二段較一段的速度快，於自然理不合，稱二段速度快於一段，行於速度傷。

（3）幅度傷

STOCK:1217　THEDATE:2007/06/26

▲圖 6-4　2007-06-26 愛之味（1217）日線圖

漲勢過程由於愈漲價值位愈高，二段幅度大於一段相當常出現，當二段的幅度達到一段幅度接近 125/100 時，稱此行勢行幅度傷，例圖所取兩段的幅度明顯以二段大於一段，相對比例接近 125/100，行幅度傷；從完成時間的角度來談，第一段日數為九日，第二段日數為七日，行速度傷；真實結果有二段大於、快於一段，行於傷幅、傷速。

（4）綜合傷

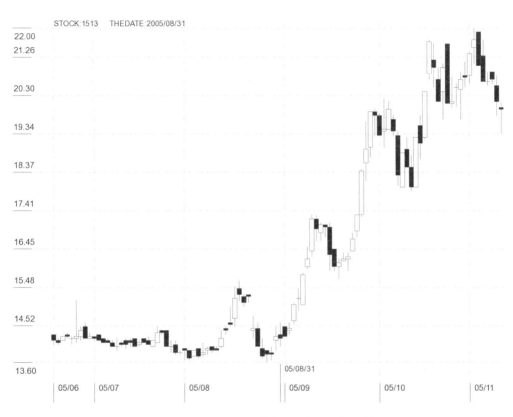

STOCK:1513　　THEDATE:2005/08/31

▲圖 6-5　2005-08-31 中興電（1513）日線圖

　　漲勢行傷主題有三式，傷幅、傷力、傷速，若傷勢不僅一式，整體而言，稱此傷為綜合傷，左圖示意例圖所取之二段，從幅度來談，二段大於一段行幅度傷，從組成力來談，二段強於一段行力道傷，各別理解為傷幅、傷力，整體認知為綜合傷，真實圖意展現，行傷以綜合式較單式常見。

（5）練習複習

▲圖 6-6　2006-06-20 億泰（1616）日線圖

< 請嘗試闡述圖意 >

2. 跌勢過程

（1）力道傷

STOCK:1301　THEDATE:2008/01/15

▲圖 6-7　2008-01-15 台塑（1301）日線圖

　　漲跌勢皆有傷幅、傷力、傷速，但漲跌不等意，漲跌本質有漲耗源、跌輕快，價值位愈漲愈高、愈跌愈低，因此漲跌不能直接反推，舉例漲跌行於力道傷，漲的本質耗源，愈漲價值位愈高，二段組成的陽力大於一段並不困難，反觀跌的本質輕快，愈跌價值位愈低，故瞭解下跌傷力較上漲傷力少見。

（2）速度傷

STOCK:1784　　THEDATE:2008/08/15

▲圖 6-8　2008-08-15 訊聯（1784）日線圖

　　若取於狹義段來討論，漲勢過程的二段傷速易出現，跌勢過程不容易，從段幅來談，若二段幅度未達同等一段幅度，傷速的展現較不強烈，隨著價值位愈跌愈低，下跌同等幅度的難度愈高；再從跌輕快的本質來談，一段完成方式若輕快順暢，二段傷速的難度更高，若行勢不順暢，則延伸二段的難度亦高，因此跌勢過程，狹義二段行速度傷的頻率低。

（3）幅度傷

STOCK:1701　　THEDATE:2001/06/29

▲圖 6-9　2001-06-29 中化（1701）日線圖

　　跌勢過程行二段傷幅難度相當高，此因價值位愈跌愈低，延伸同等下跌幅度已不容易，何況延伸達到 125/100，左圖示意例圖所取二段，二段幅度達到一段的 125/100，行下跌二段傷幅；從段的組成力來談，二段力道強於一段，行下跌二段傷力；從段的時間來談，雖然相同為五日，但二段滿足一段幅度僅四日，二段速度快於一段，行下跌二段傷速。

（4）綜合傷

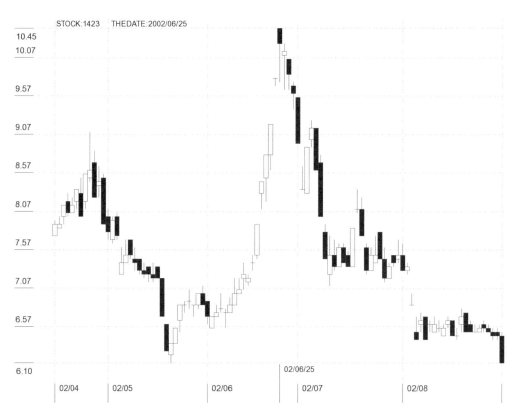

STOCK:1423　　THEDATE:2002/06/25

▲圖 6-10　2002-06-25 利華（1423）日線圖

　　　　跌勢過程二段行傷主題有三式：傷幅、傷力、傷速，當二段行傷不僅一式時，整體而言，稱此傷為綜合傷，合併前述三式為基礎四式二段傷，重點在於探討角度為各別或整體；左圖示意例圖所取二段，按前述內容可瞭解二段行於力道傷、速度傷，從整體來談，因傷於不僅一式，認知二段行綜合傷；需瞭解跌勢過程，二段綜合傷發生頻率高於單式傷。

（5）練習複習

STOCK:1312　THEDATE:2011/02/10

▲圖 6-11　2011-02-10 國喬（1312）日線圖

＜請嘗試闡述圖意＞

二 波 ◎◎ ◎ ○

　　波的內涵建立於段的基礎認知上，用簡單方式表達，商品的圖意展現，有能用段完成卻無能順暢行勢，結果使用三階段完成段可完成的價值位推升或減損，統稱此三階段的結果為波。

▲圖 6-12　2000-09-05 新紡（1419）日線圖

　　先能理解狹義段的邏輯，方能延伸認知波的內涵，例圖所示於九月中旬的上漲段為狹義段，此價值位可由段的方式順暢完成，同等價位水平取圖如左，下跌過程以三階段完成段可完成的價值位，故瞭解此三階段應合併認知，稱此圖意的展現為「波」。

1. 行進波

（1）漲勢

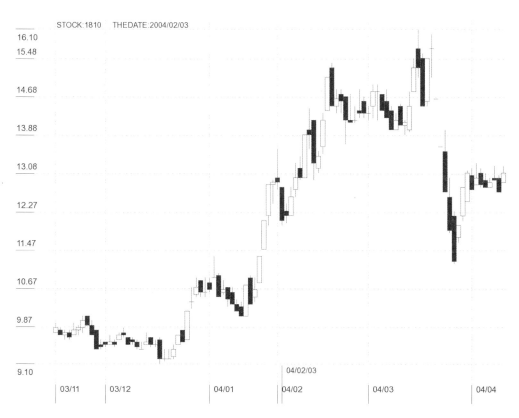

STOCK:1810　THEDATE:2004/02/03

▲圖 6-13　2004-02-03 和成（1810）日線圖

　　左圖示意例圖所取之段與波，從狹義段的存在瞭解商品於時空有能以段的方式完成此價值位的推升，續漲過程滿足此幅度則以三階段完成，稱此結果為波，此波出現於行進過程，故又稱行進波，表達法亦可用二段式完成一段來闡述，重點瞭解行進波的認知基礎，在於行進過程以不等方式滿足段之價值位。

（2）跌勢

▲圖 6-14　2002-08-23 英群（2341）日線圖

　　左圖示意例圖所取之段與波，商品於時空有能以段的方式完成此幅度，故瞭解延伸跌的三階段合稱為波；波的行成導因於順向勢強有能延伸，過程受阻於過往的買賣成果，造成價值位未能一氣呵成，如同例圖的波，第一階段的結束，肇因於過往七月初的漲段起始價，需理解波行成的過程並非隨取的轉折，其成因與商品時空動能、過往交易軌跡皆有關。

（3）練習複習

STOCK:9921　THEDATE:2002/06/17

▲圖 6-15　2002-06-17 巨大（9921）日線圖

＜請嘗試闡述圖意＞

2. 整理波

（1）整理漲

STOCK:1809　THEDATE:2008/04/03

▲圖 6-16　2008-04-03 中釉（1809）日線圖

　　當波發生於整理過程時，空間力量的高低是確認波的關鍵，表現於對比、同勢比；同勢比的概念，將於本篇第三章・增減段介紹；左圖示意例圖所取之波與段，商品於時空有能以段的方式完成幅度，故瞭解示意的三階段完成應合稱為波，第一階段的結束與波之回的第二階段啟動有關聯，需瞭解波的行成往往有跡可循。

（2）整理跌

▲圖 6-17　2004-05-31 台達化（1309）日線圖

　　　　波與段是相呼應的存在，從認知狹義段開始，感受商品於時空中的動能，確認波的存在，延伸理解廣義段，回歸商品圖意展現，不再侷限於上漲段需連續收高、平於昨收，下跌段需連續收平、低於昨收，廣義的上漲段取於：上漲・上傾／橫向・續漲，廣義的下跌段取於：下跌・下傾／橫向・續跌；本章重點由狹義段來導引波，廣義段將藉第三章・增減段作介紹。

（3）練習複習

STOCK:8935　THEDATE:2004/02/17

▲圖 6-18　2004-02-17 邦泰（8935）日線圖

<請嘗試闡述圖意>

三 增減段 ◎◎ ○ ○

　　三段順為波，順的邏輯取於 2/3 作分野，當三段的互動比例達到 2/3 以上進入百分百時，稱此三段為增減段，內含兩組對比與一組同勢比，藉此分析買氣、賣壓的消長，推演後勢發展。

▲圖 6-19　2006-08-18 聯成（1313）日線圖

　　左圖示意例圖所取之增減段，第一組漲跌對比漲段力道較強、速度較快，跌段方式較穩、幅度較大；第二組漲跌對比從力道、速度、幅度來觀察，漲跌皆無明顯優勢；此時推理後勢的關鍵在於同勢比，讀者完成本章學習後，可回頭重新思考此增減段。

1. 同勢比

（1）力道轉強弱

STOCK:2352　THE DATE:2009/04/16

▲圖 6-20　2009-04-16 佳世達（2352）日線圖

　　　左圖示意例圖所取之增減段，此增減段組合跌‧漲‧跌之三段，整理過程的兩段跌相比屬同勢比的內容，從組成力來談，第一段跌的最大力較第二段跌的最大力更大，同勢比力道轉弱，表示段對段賣壓轉弱，漲跌推演有利於漲邊；整理過程同勢轉強弱互動順逆於前勢，對於推理後勢發展相當重要，順勢轉強、逆勢轉弱皆為契機。

（2）速度轉快慢

STOCK:2352　THEDATE:2007/12/06

46.40	
43.73	
40.23	
36.73	
33.22	
29.72	
26.22	
22.71	
19.21	
15.85	

07/12/06

07/09　07/10　07/11　07/12　08/01　08/02

▲圖 6-21　2007-12-06 佳世達（2352）日線圖

　　左圖示意例圖所取之增減段，此增減段組合跌 ・ 漲 ・
跌之三段，第一段跌日數為九日，此段跌屬廣義段，有其下
跌 ・ 橫向 ・ 續跌；第二段跌日數為七日，此段跌相當順暢，
同勢比速度轉快；整理過程同勢轉快與行進過程二段傷速不
同，行進邏輯為耗源轉快不合自然理，整理邏輯為組合過程
買賣氣逐漸歸於單邊，有助於圖意由靜轉動。

（3）幅度轉大小

STOCK:2362　　THEDATE:2008/04/03

▲圖 6-22　2008-04-03 藍天（2362）日線圖

　　左圖示意例圖所取之增減段，此增減段組合漲 · 跌 · 漲之三段，從組成力的角度，同勢力道轉弱；從完成時間的角度，同勢速度轉緩；從段幅的角度，第一段漲幅度明顯大於第二段漲，故瞭解此增減段取於同勢兩段漲相比，得到轉弱、轉緩、轉小的結果，買賣氣輾轉變化對漲邊相當不利，倘若後勢人氣退潮，整理時間漫長，若賣壓轉強，整理結構甚至將改由跌邊主導。

（4）練習複習

▲圖 6-23　2003-08-01 匯僑工（2370）日線圖

＜請嘗試闡述圖意＞

四 綜合練習 ◯◯ ◯ ◯

STOCK:2915   THEDATE:2006/05/22

▲圖 6-24   2006-05-22 潤泰全（2915）日線圖

＜請嘗試闡述圖意＞

STOCK:3017　THEDATE:2012/11/15

▲圖 6-25　2012-11-15 奇鋐（3017）日線圖

< 請嘗試闡述圖意 >

第 **7** 篇

四段組成形・五段確認型

從狹義段的認知開始，瞭解行進過程之漲回、跌彈之相對
比例，整理過程之漲跌對比、跌漲對比，理解行進過程二段行
傷之力道傷、速度傷、幅度傷、綜合傷，整理過程漲跌同勢比
之力道轉強弱、速度轉快緩、幅度轉大小，藉由狹義段認識波，
由波進入廣義段的領域；三段內的圖意架構已作基本介紹，由
內容可感受，行進與整理是漲跌技術的經緯，接下來將藉四段
組成形 · 五段確認型導引力量的概念。

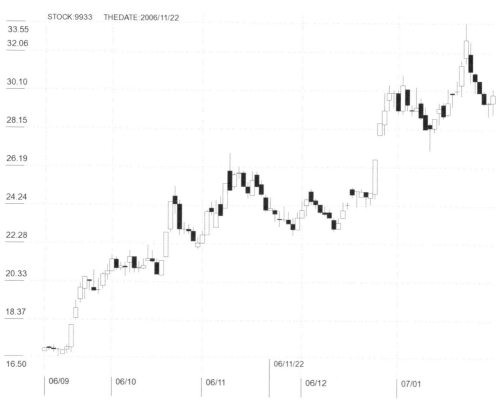

▲圖 7-1　2006-11-22 中鼎（9933）日線圖

完成本篇的學習後，請嘗試定位並表述例圖中的形。

相對對比 ◎◎ ◎ ○

1.　基礎結構

▲圖 7-2　2003-08-20 亞泥（1102）日線圖

　　　一跌一漲、一漲一跌為對比，整理過程的對比漲跌相對比例往往超過 2/3 達到百分百以上，將兩組漲跌對比或跌漲對比相靠，組合如左圖示意例圖所取之四段，稱此結果為相對對比，相對對比擁有三組對比、兩組同勢比，藉對比與同勢比輾轉變化，認知整理過程買氣、賣壓的消長，推演整理結束延伸的方向，此為相對對比的基礎結構。

2. 二次反轉

STOCK:1518　THEDATE:2001/01/17

▲圖 7-3　2001-01-17 夆典（1518）日線圖

　　左圖示意例圖所取的四段，圖意展現可拆解為兩組跌漲對比相靠，第一組跌漲對比為第一次反轉，第二組跌漲對比為第二次反轉，需瞭解二次反轉本意同位再次引進買氣或賣壓，並能行成價值位推升或壓低，此為「形」的開始，需熟記口訣：**二次反轉組成形**；重點買賣氣未歸於單邊方需進入整理，整理結果產生力量，力量的主題以形作為分野，形以上將於本篇簡單介紹，未達形的內容留待第捌篇探討。

STOCK:1570　　THEDATE:2010/04/01

10/04/01

▲圖 7-4　2010-04-01 力肯（1570）日線圖

　　左圖示意例圖所取四段，圖意展現可拆解為一組漲回對比與一組漲跌對比相靠，第一組漲回對比為第一次反轉，此回相對比例達到漲段 1/2，減弱上漲勢，第二組漲跌對比為第二次反轉，需瞭解減弱上漲勢的順勢過程期待後勢將行二次反轉，稱上漲回檔組力量，重點此時所組的力量，其動能僅有行進動能的一半，雖然形勢為組，同時亦在耗源頭推動漲勢的力量，此力量的發揮方向可能順逆於前勢，需由組合結構輾轉變化，推演後勢由靜轉動的方向。

3. 結構主軸

（1）最短日段

STOCK:1905　THEDATE:2008/06/30

▲圖 7-5　2008-06-30 華紙（1905）日線圖

　　力量組合有其力量的上緣、下緣，過程由下緣至上緣或由
上緣至下緣的段中，取於最少日數行成的段為最短日段；左圖
示意例圖所取之四段，第一段的日數為五日，第二段日數為五
日，第三段日數為四日，第四段為完成帶發動，日數為五日，
由各段的日數瞭解此相對對比以第三段的日數四日為少，此為
形之最短日段。

（2）漲為主

STOCK:2601　THEDATE:2009/03/16

▲圖 7-6　2009-03-16 益航（2601）日線圖

　　空間力量有其結構主軸，所謂主軸可認知為整理過程最具有代表性的段，左圖示意例圖所取的相對對比，此相對對比在力量完成前，最具代表性的段是第二段，此段為上漲段，故瞭解此整理過程以漲為主，除非經過增減變化或跌破此漲段的啟動價，漲為主的力量合理期待後勢偏漲發展，若能明確辨認整理的主軸，對於後勢推演相當有助益，此為組合過程非常重要的環節。

（3）跌為主

STOCK:3031　THE DATE:2006/05/05

57.40

55.53

53.09

50.64

48.19

45.74

43.29

40.84

38.40

36.05

06/02 06/03　　　　06/04　　　　06/05　　　　06/06　　　　06/07

06/05/05

▲圖 7-7　2006-05-05 佰鴻（3031）日線圖

　　　左圖示意例圖所取的相對對比，結構主軸為第四段，此段為下跌段，故瞭解此空間力量以跌為主；第一段漲雖然擁有最大組成力，但此段的完成方式與第四段相比，第四段的完成方式較順暢，而且第四段幅度較第一段為大，從前述探討可瞭解，結構的主軸並非單純從力道、速度、幅度或完成方式決定，須綜合評估，雖然多數力量有明確的主軸，但依然存在部份的力量，主軸相當曖昧。

4. 練習複習

STOCK:3037　THE DATE:2004/09/21

▲圖 7-8　2004-09-21 欣興（3037）日線圖

<請嘗試闡述圖意>

1. 不實形

▲圖 7-9　2004-05-25 台新金（2887）日線圖

　　　　形以上的空間力量有其最短日段，當最短日段日數僅有三日時，此力量外觀看似相對對比，但最短日段卻未達四日，僅三日勢順成力道，此力道由於具備段的功能，亦可稱為不實段，最短日段為不實段所組的形為不實形，口訣：**三日段所形之形為不實形**，三日段即不實段，需瞭解不實形如土丘，後續發展尚有完成、複合、多重之不等結構變化。

2. 形像形

STOCK:3062　　THE DATE:2007/01/29

▲圖 7-10　2007-01-29 建漢（3062）日線圖

　　當相對對比的最短日段的日數為四日時，稱為形像形，此為圖意展現進入形的最基本需求，口訣：**四日段所形之四段形為形像形**，不實形雖然已有形的外觀，但依然不能視為真實形，形像形則已達到真實形，如同人造山，取像於自然山，故用「像」，若組合多段四日段所成的型，其意象與自然山更接近，口訣：**四日段所型之多段型為形象型**，此時用無人字邊的「象」，表達圖意展現由形轉型，象定型之型。

3. 型態型

STOCK:3189　THE DATE:2006/02/15

▲圖 7-11　2006-02-15 景碩（3189）日線圖

　　五日段之四段型可謂可遇不可求，出現的頻率相當低，五日段若為型的最短日段，此型通常五段以上，且組合過程或於上下緣不等位置橫組力量，意象為自然山，口訣：**五日段所型之型為型態型**，此為定型之型，組織結構相當完整，無需複合成更大力量即能發揮，故稱定型之型。

4. 練習複習

STOCK:3323　THEDATE:2011/02/08

▲圖 7-12　2011-02-08 加百裕（3323）日線圖

＜請嘗試闡述圖意＞

三 形／型意切線 ◎◯ ◯ ◯

　　相對對比有其上緣與下緣，上下緣有其形／型意切線，重點切力量須切開、收價，此因整理過程力量未歸於單邊，經歷輾轉過程審慎思考的開、撮合流程買賣洗禮的收為最真實認同的價，有助於釐清空間力量上下緣切線的上傾、下傾、水平。

▲圖 7-13　2011-12-30 雙鴻（3324）日線圖

　　力量切線主要區分為心理引伸線、支撐線、壓力線，重點切線並非隨取兩轉折即可切線，需取於有意義的轉折，切線方能展現其形意，錯誤的切線將誤導漲跌的推演，需謹慎運用。

1. 心理引伸線

STOCK:3388　THEDATE:2007/06/07

▲圖 7-14　2007-06-07 崇越電（3388）日線圖

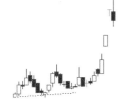

　　左圖示意例圖所取的形與下緣切線，需瞭解取於兩轉折之切線，雖然位於力量下緣，此時僅稱為心理引伸線，重點兩點所切的線，本意帶有期待，期待它日價位再觸及此線之延伸時，能引進買氣或遭遇賣壓，但真實結果能否再觸及此價，觸及此價能否行轉折，皆未經確認，故稱此切線為心理引伸線。

2. 支撐線

STOCK:4126   THEDATE:2009/12/10

▲圖 7-15   2009-12-10 太醫（4126）日線圖

　　心理引伸線的本意帶有期待，當價位再次行至此切線並有引進買氣或遭遇賣壓，稱確認此心理引伸線，左圖示意例圖所取之相對對比，當價位再次行至此力量下緣的心理引伸線時，確實引進買氣推升價位，符合心理引伸線的期待，由於此切線已經歷第三點的確認，故稱此線為支撐線，需將支撐線與心理引伸線的觀念釐清。

3.　壓力線

STOCK:3438　THEDATE:2012/07/20

▲圖 7-16　2012-07-20 類比科（3438）日線圖

　　左圖示意例圖所取相對對比，當價位再次觸及力量上緣的心理引伸線，遭遇賣壓壓低價位，由於經歷第三點確認此心理引伸線，故可稱此切線為壓力線；圖意於整理過程的切線，僅有心理引伸線、支撐線、壓力線，當力量完成朝漲邊發展，上緣切線方轉為力量頸線；若完成朝跌邊發展，下緣切線方轉為力量頸線，切勿於整理過程亂套頸線觀念。

4. 練習複習

▲圖 7-17　2002-11-18 永彰（4523）日線圖

＜請嘗試闡述圖意＞

四　矩形 ◎◎ ○ ○

　　矩形的分類由水平矩形開始，所謂水平矩形即力量上緣切線與下緣切線同為水平線，延伸上傾、下傾之平行矩形，再由上緣與下緣切線的角度形成擴大、縮小，各區分雙邊、上升、下降、上飄、下飄不等方式，惟標準的水平矩形從形成過程可瞭解，其上緣轉折開、收取價同等，下緣轉折開、收取價亦同等，發生的頻率相當低，重點需理解水平矩形為認知矩形形意邏輯的開始。

▲圖 7-18　2011-12-19 永彰（4523）日線圖

完成本章學習後，請讀者嘗試指出圖中的形並闡述其形意。

1. 平行矩形

（1）上傾矩形

STOCK:3557　THEDATE:2009/11/13

▲圖 7-19　2009-11-13 嘉威（3557）日線圖

　　上傾矩形為水平矩形的延伸，當形意上緣與下緣的切線同為上傾，角度無明顯差異時，所形力量組合稱為上傾矩形，輾轉過程創高遭遇賣壓，買氣能守住漲段啟動價，並再次引進買氣推升價位行整理漲；形意切線上傾本意創高遇壓，買氣欲推升價位取得戰果，耗源結果卻僅曇花一現，故理解形意切線的邏輯：漲邊以形上傾為弱。

（2）下傾矩形

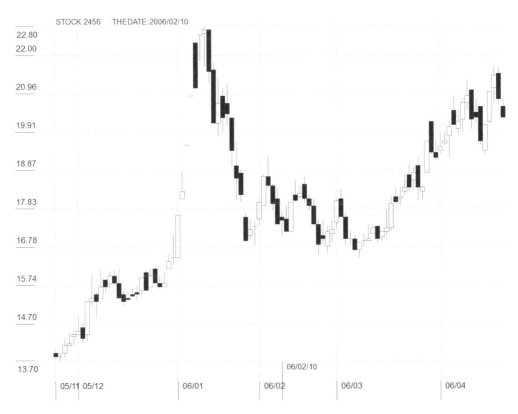

STOCK:2456　THE DATE:2006/02/10

▲圖 7-20　2006-02-10 奇力新（2456）日線圖

　　下傾矩形為水平矩形的延伸，當形意上緣與下緣的切線同為下傾，而且角度無明顯差異，所形力量組合稱為下傾矩形，組合過程破低卻引進買氣，雖有能推升價位，卻選擇保留元氣，不強行挑戰高檔轉折；下緣切線下傾本意破低引進買氣，破低常引發恐慌，此時相反破低引進買氣用以清洗浮額；上緣切線下傾本意不作無謂耗源，故理解形意切線的邏輯：漲邊以形下傾為強。

2. 擴大矩形

（1）雙邊擴大

STOCK:1712   THEDATE:2008/06/02

▲圖 7-21　2008-06-02 興農（1712）日線圖

　　當形意上緣切線上傾，下緣切線下傾時，所形力量組合為雙邊擴大，簡稱擴大形；上緣切線上傾，本意買氣挑戰高檔轉折卻失敗，耗源結果僅有曇花一現，下緣切線下傾，本意破低卻引進買氣，清洗浮額，故瞭解雙邊擴大形的本意為創高、破低皆未能延伸，組合過程是否出現力量擴散為觀察重點，後勢發展差異甚大。

（2）上升擴大

STOCK:1101　THEDATE:2009/03/17

▲圖 7-22　2009-03-17 台泥（1101）日線圖

　　當形意上緣切線上傾，形意下緣切線水平，所形力量組合為上升擴大形，上緣切線上傾本意買氣耗源挑戰壓力，卻創高遭遇賣壓，下緣切線水平表達買氣的防守價明確；左圖示意例圖所取的上升擴大形，觀察組合過程可發現，段對段的輾轉變化愈形熱絡，組成力並未縮小，買賣氣未擴散，所形之擴大為買賣雙方互不相讓的成果，當特定邊勝出，後勢往往能順暢延伸，與擴散完全不同。

（3）下降擴大

STOCK:1308　　THEDATE:2007/07/24

▲圖 7-23　2007-07-24 亞聚（1308）日線圖

　　當形意上緣切線水平，形意下緣切線下傾，所形力量組合為下降擴大形，左圖示意例圖所取下降擴大形，觀察段對段的輾轉變化，組成力愈形熱絡，整理漲跌愈行順暢，此例為跌邊勝出並直接延伸同等力量幅度，行勢遭遇先前漲段啟動價，引進買氣推升價位重新漲至形內，甚至行成弱破強反意行勢之對比，複合下降擴大形再發動力量延伸漲，圖意展現可謂峰迴路轉，不能取之於片段。

（4）上飄擴大

▲圖 7-24　2007-09-03 興農（1712）日線圖

　　當形意上緣與下緣的切線皆為上傾，但上緣切線角度明顯大於下緣切線角度，所形力量組合為上飄擴大形，左圖示意例圖所取上飄擴大形，第四段攻至力量上緣時，可發現力轉弱小而不穩，遭遇上緣賣壓再次行整理跌，其組成力明顯弱於前幾段漲跌，組合過程輾轉力量擴散，後勢即使特定邊勝出，需於形外重組方有能延伸，此為力量擴散與形力轉熱絡的相異處。

（5） 下飄擴大

▲圖 7-25 2008-06-13 廣豐（1416）日線圖

當形意上緣與下緣的切線皆為下傾，但下緣切線角度明顯大於上緣切線角度，所形力量組合為下飄擴大形，左圖示意例圖所取下飄擴大形，當圖意展現進入不等力量重組時，需留意重組的位置是在形外或形內，倘若於形內重組，形勢尚未脫離擴大形組合，需於形外重組方能重新集合輾轉擴散之力量，此為形擴大需留意的重點。

3. 縮小矩形

（1）雙邊縮小

STOCK:2446　THEDATE:2009/07/13

▲圖 7-26　2009-07-13 全懋（2446）日線圖

當形意上緣切線下傾，形意下緣切線上傾，所形力量組合為雙邊縮小形，簡稱縮小形；左圖示意例圖所取雙邊縮小形，上緣切線下傾表示買氣不作無謂的耗源，下緣切線上傾表露買氣防守低點的用心，組合過程未破低引進買氣清洗浮額；需瞭解形於縮小，本意壓縮力量。

（2）上升縮小

▲圖 7-27　2012-10-01 精剛（1584）日線圖

　　當形意上緣切線水平，形意下緣的切線上傾時，所形力量組合為上升縮小形；形意下緣切線下傾展現主勢者實力，需瞭解價位破低時，隨勢者通常觀望甚至平倉退場，故主勢者常藉此清洗浮額，但主勢者亦需考慮破低觸發的賣壓強弱，太強會守不住，故瞭解形勢破低引進買氣是主勢者自信的展現，反觀下緣切線上傾，顯意主勢者亦擔心跌破防守價所觸發的賣壓。

（3）下降縮小

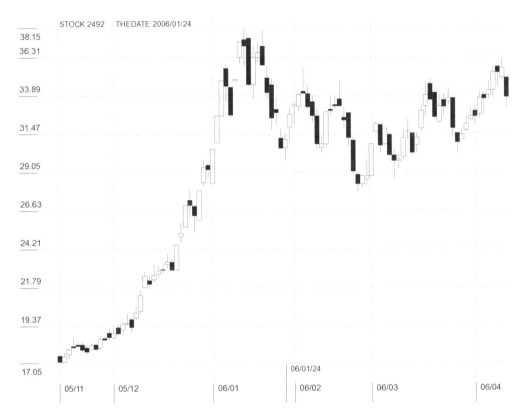

STOCK:2492　THE DATE:2006/01/24

▲圖 7-28　2006-01-24 華新科（2492）日線圖

　　當形意上緣切線下傾，形意下緣切線水平時，所形力量組合為下降縮小形；形縮小本意壓縮力量，當力量完成發揮時，往往行於力道式，惟力量發動往往需經過頸線確認的動作，若圖意展現有發動意，後勢發展相反重新行至形內重組，需警覺此形仍未定型，左圖示意例圖所取的下降縮小形，圖意展現已有完成帶發動，後勢相反引進買氣將價位推升回形內，表明此形未定型。

（4）上飄縮小

STOCK:1702　THEDATE:2011/02/10

▲圖 7-29　2011-02-10 南僑（1702）日線圖

　　當形意上緣與下緣的切線皆為上傾，但下緣切線角度明顯大於上緣切線角度，所形力量組合為上飄縮小形；形意上緣切線上傾本意買氣創高遇壓無功而還，形意下緣切線上傾本意主勢者守低用心，但不願破低洗浮額，當上下緣切線互動產生上飄的形意時，將有壓力壓不住的內涵，其意理可由整理跌同勢比之成果、買氣持續能創高感受，重點買賣氣不能渙散，轉清淡與壓縮力量不等意。

（5）下飄縮小

STOCK:1710　　THEDATE:2004/12/27

▲圖 7-30　2004-12-27 東聯（1710）日線圖

　　當形意上緣與下緣的切線皆為下傾，但上緣切線角度明顯大於下緣切線角度，所形力量組合為下飄縮小形；左圖示意例圖所取的下飄縮小形，觀察組合過程破低有買氣守住低價並推升價位，漲邊同勢比力道轉弱，顯意買氣頑抗，可惜力不從心；需瞭解形意切線是從外觀認知力量組合，內涵仍需回歸買賣源點思考而非單純由切線取像，此為重要技術觀念。

4. 練習複習

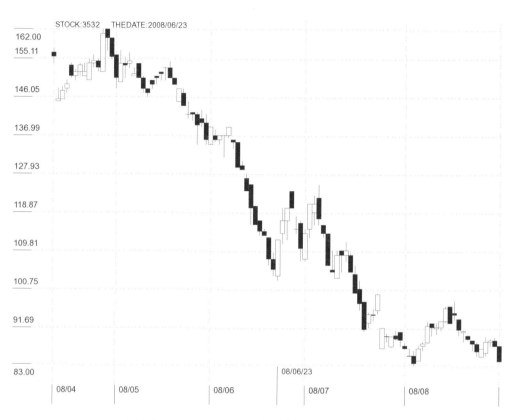

STOCK:3532 THEDATE:2008/06/23

▲圖 7-31　2008-06-23 台勝科（3532）日線圖

< 請嘗試闡述圖意 >

五 綜合練習 ◑ ○ ○

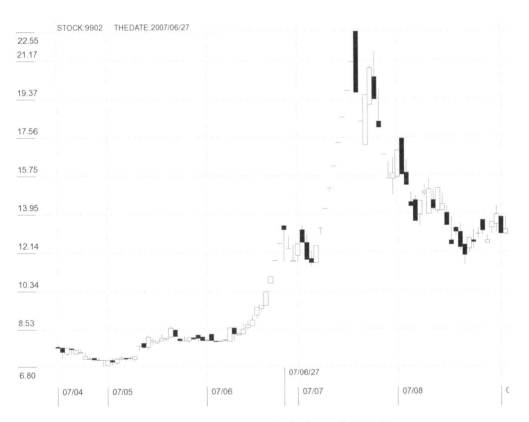

STOCK:9902　THEDATE:2007/06/27

▲圖 7-32　2007-06-27 台火（9902）日線圖

＜請嘗試闡述圖意＞

8

第 篇

生聚力時量．量足何時起

認知圖意從力、勢、增減力、力道、段，再由段、對比、增減段延伸認識波、不實段，組合至相對對比、形／型，此為第一層循環，主題環節依序為力、段、形，從形開始正式進入力量的知識領域。

建立初步的力量概念後，將由力量結構開始第二層循環，力量的形成導因於買賣氣未歸於單邊，需瞭解週、日、時、刻、分不等層級皆有力量的聚與耗，認知靜生動虛、剛柔雜居是第二層循環的重點。

▲圖 8-1　2012-12-17 台端（3432）日線圖

完成本篇的學習後，請嘗試定位並表述例圖中的力量。

一 力量結構 ◎◎ ◯◎ ◯

1. 時間距離

（1）並列

STOCK:1102　　THEDATE:2006/05/05

▲圖 8-2　2006-05-05 亞泥（1102）日線圖

　　三至五日的力量組成稱為「並列」，並列的觀察點有體引互動，體為主則穩定，引為主則不穩；高低幅度表達買賣氣熱絡、清淡；上下緣明體部分可作力量切線，感受並列之上傾、下傾、水平之組成角度，從組成力之擴大、縮小認知力量轉熱絡、轉清淡，此為基礎並列觀。

（2）凝聚

▲圖 8-3　2004-06-15 台泥（1101）日線圖

　　　　六至十日的力量組成稱為「凝聚」，凝聚的組成通常是形以下的力量，即使不實形四段轉折起訖皆重疊，日數最基本亦需九日，已接近歸屬凝聚的最大日數，故瞭解凝聚往往為不成形的力量組成；若凝聚力量組成力有力力相靠，稱為並列式之凝聚，此「並列式」是指方式，勿與前述力量時間之並列混淆；凝聚亦有體引互動，高低幅度、力量切線、組成力轉熱絡、轉清淡之基礎凝聚觀。

（3）凝結

▲圖 8-4　2012-04-24 精華（1565）日線圖

　　十一至十五日的力量組成稱為「凝結」，此時間距離的組成已可形成不實形、形像形，雖然形像形是四日段之四段形，整理漲跌段之轉折力由兩日共用，時間即落入此區間，故凝結以上的力量結構開始較為複雜；左圖示意例圖所取之凝結，觀察結構可感受買賣氣轉清淡，故力量發動未能直接延伸，於五月中、下旬進入重組，觀察重組力量的過程由清淡轉熱絡，此為力量將發動的徵兆。

（4）聚集

STOCK:3481　THEDATE:2012/03/26

17.50
16.96

16.25

15.55

14.84

14.14

13.43

12.73

12.02

11.35

12/01　　12/02　　12/03　　12/03/26　12/04　　12/05　　12

▲圖 8-5　2012-03-26 群創（3481）日線圖

　　十六日至一月的力量組成稱為「聚集」，左圖示意例圖所取之聚集，從組成力可感受此力量由穩定轉不穩再轉為穩定；力量上緣未能切出明確切線，觀察轉折有其高點愈來愈低的事實，力量下緣由破低引進買氣輾轉試低引進買氣，但此買氣愈來愈不濟，最後由破低觸發賣壓發動此股力量，重點瞭解買賣氣由不穩轉穩再發動力量將行穩定式，不穩直接發動走速度。

（5）蓄集

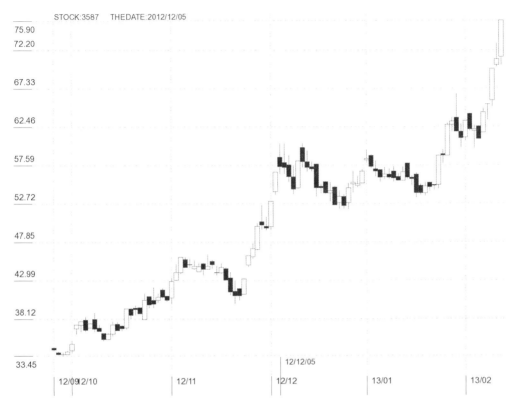

STOCK:3587　THEDATE:2012/12/05

▲圖 8-6　2012-12-05 閎康（3587）日線圖

一月至三月的力量組合稱為「蓄集」，左圖示意例圖由上漲段進入整理過程，先組成漲為主的凝結力量，意圖發動跌卻未能取得至少同等於力量幅度的戰果，經歷時間輾轉，買氣推升價位試整理上緣，同勢比跌轉弱、轉緩、轉小，買氣再次攻至力量上緣，壓力壓不住，發動此蓄集力量。

（6）匯集

STOCK:2545　THEDATE:2008/10/13

▲圖 8-7　2008-10-13 皇翔（2545）週線圖

　　三月至六月的力量組合稱為「匯集」，取於一月時間約二十日，匯集時間約六十至一百二十日，若觀圖未有俱備基礎架構，容易取於片段，匯集以上時間距離之力量，將未能完整呈現於視野內，此為商品週線圖、日線圖需能同時呈現的原因；左圖示意例圖所取之匯集，時空底部往往需匯集以上時間方能成就，綜合前述即底部出現卻視而不見的重要原因。

（7）集區

STOCK:3005　THEDATE:2012/03/05

▲圖 8-8　2012-03-05 神基（3005）週線圖

當組合的時間達到六個月以上，稱此力量為「集區」，集區換算日數達到一百二十日以上，平時若未有習慣觀商品週線圖，忽視時空高低檔力量相當正常；左圖示意例圖所取之集區，觀察力量下緣的力量組合，顯意支撐由熱絡轉清淡，由穩定轉不穩，暗示此支撐已有守不住的徵兆，若無週線圖的輔助，彷彿航海無指南針。

2. 價位幅度

▲圖 8-9　2012-12-07 茂訊（3213）日線圖

　　空間力量有其價位幅度，原則取於空間力量組成力之明體，關注明體的開、收價，從最大與最小的價位切水平線，兩條水平線的差值即為力量幅度；左圖示意例圖所取的力量，認知力量價位幅度的水平切線已表現於圖上，例圖中尚有其它不等時間長短的空間力量，請嘗試切力量幅度，需瞭解時間與幅度為力量最基本的表現。

3. 最短日

STOCK:3061　　THE DATE:2009/12/17

▲圖 8-10　2009-12-17 燦圓（3061）日線圖

　　左圖示意例圖所取的空間力量，這股空間力量從上緣到下緣的最短日僅有兩日，尚未成段，倘若取於片段，將第一日陰遮住，所形力量有不實形的外觀，實則力量幅度單日即可完成，故瞭解形以上的力量組合並非僅有日數考量，互動力量幅度與最短日的觀念，取於順位 5%，若不實形幅度未達 15%，形像形幅度未達 20%，型態型幅度未達 25%，力量皆有向下降階的可能，此為空間力量輾轉過程需有的觀念。

二 力與力量 ◎◎ ◎ ○

1. 吃、撐、頂

（1）一陽吃

STOCK:3008　THEDATE:2013/01/24

899.00
879.47
853.78
828.10
802.41
776.72
751.03
725.34
699.66
675.00

13/01/24

12/11　　12/12　　13/01　　13/02　13/03　　13/04

▲圖 8-11　2013-01-24 大立光（3008）日線圖

　　　當單日力從力量下緣涵蓋至力量上緣，稱此力與力量的互動方式為一陽吃，一陽吃的陽通常為大或相對熱絡的陽力；左圖示意例圖所取之一陽吃，此陽跳空開低於力量下緣，流程間引進買氣，推升價位，最後收盤結果收於力量上緣，所行力與力量的互動成果，稱為一陽吃。

（2）一陽撐

STOCK:5355　THEDATE:2006/04/26

▲ 8-12　2006-04-26 佳總（5355）日線圖

　　當力量上下緣不脫離單日陽體幅度，稱此式力與力量的互動為一陽撐，一陽撐的陽通常為大或相對熱絡的陽力，且力量幅度或熱絡程度需明顯與陽體相當，若熱絡程度未能與陽體匹配，不能稱為一陽撐；左圖示意例圖所取的一陽撐，力量組於陽體幅度內，雖從明體組成切出的力量幅度僅有大陽幅度三分二，但力量的熱絡程度明顯與陽體相當，故瞭解此力與力量互動成果，歸屬一陽撐。

（3）一陽頂

STOCK:6509　THE DATE:2010/05/07

▲圖 8-13　2010-05-07 聚和（6509）日線圖

　　當圖意行成大陽或相對熱絡的陽力，後勢卻未能延伸同等陽體幅度，相反於此陽的上緣以上組力量，稱此式力與力量的互動方式為一陽頂；左圖示意例圖所取一陽頂，需瞭解展現強的陽若為明實，需快速延伸至少陽體幅度，倘若後勢於此陽的陽收或上緣以上組力量，相反有強中虛的疑慮；倘若此陽已延伸同等陽體幅度以上，重組力量正常，此時雖有陽頂的外觀，但不歸屬陽頂的範圍。

2. 蓋、平、壓

（1）一陰蓋

STOCK:2388　　THEDATE:2004/04/30

▲圖.8-14　2004-04-30 威盛（2388）日線圖

當單日力從力量的上緣涵蓋至力量的下緣，稱此力與力量的互動方式為一陰蓋，一陰蓋的通陰常為大或相對熱絡的陰；左圖示意例圖所取一陰蓋，主題陰跳空開小高於力量上緣，流程間賣壓湧現，將價位壓低，最後收盤結果收於力量下緣，所行力與力量的互動成果，稱為一陰蓋。

（2）一陰平

▲圖 8-15　2011-08-25 臺鹽（1737）日線圖

　　當力量上下緣不脫離單日陰體幅度，稱此式力與力量的互動為一陰平，一陰平的陰通常為大或相對熱絡的陰力，且力量幅度或熱絡程度需明顯與陰體相當，若熱絡程度未能與陰體匹配，不能稱為一陰平；左圖示意例圖所取的一陰平，力量組於陰體幅度內；需瞭解漲勢過程的一陽撐與跌勢過程的一陰平不同，此因漲耗源、跌輕快，思考邏輯不能反推，更深的內容留待它日再找機會介紹。

（3）一陰壓

STOCK:3310　　THE DATE:2009/12/22

▲圖 8-16　2009-12-22 佳穎（3310）日線圖

　　當圖意行成大陰或相對熱絡的陰力，後勢卻未能延伸同等陰體幅度，相反於此陰的下緣以下組力量，稱此式力與力量的互動方式為一陰壓；左圖示意例圖所取一陰壓，需瞭解漲耗源、跌輕快，當主題陰未能輕快地延伸同等陰體幅度，相反於此陰的陰收或下緣以下重組力量，需有警覺此陰強中透虛，倘若力量完成向漲邊發揮，由於此陰未能延伸同等陰體幅度屬虛陰，有能直接突破陰開。

三 雙重頂底腰 ◎◎ ○ ○

1. 漲式力量

（1）左右高低

A. 左高右低為強

STOCK:2344　THE DATE:2011/01/11

▲圖 8-17　2011-01-11 華邦電（2344）日線圖

雙重頂底腰為圖意的重要環節，顧名思義雙重所指為兩股力量，主題力量是由兩股次層級的力量組合而成，需能區分相對對比與雙重不同，此為雙重之基礎觀。

B. 高低同等為順

STOCK:2434　THEDATE:2003/05/26

▲圖 8-18　2003-05-26 統懋（2434）日線圖

　　雙重底有兩股次層級的力量，此二股力量有相對高低，相比方式以明體為基準，區分為左高右低、高低同等、左低右高之三式，需瞭解破低常觸發賣壓，行於破低卻未能延伸低，進入重組甚至無需重組，即引進買氣推升價位重回形內，完成雙重力量，整理過程有清洗浮額，故漲式之雙重有其左高右低為強，高低同等為順，左低右高為弱。

C. 左低右高為弱

STOCK:2301　THEDATE:2003/11/06

▲圖 8-19　2003-11-06 光寶科（2301）日線圖

　　左低右高的漲式雙重為弱，需瞭解定位弱是相對於強，而強是以有清洗浮額為強，主勢者若敢破低清洗浮額，所形漲式雙重為強屬合理，倘若買賣意的展現為整理跌未至力量低點，即有買氣願意承接，深怕買點稍縱即逝，導致結果左低右高，此弱為外觀弱，故左低右高為形弱，後勢未必行弱。

（2）左右大小

A. 左大右小為強

STOCK:1101　THEDATE:2012/10/18

▲圖 8-20　2012-10-18 台泥（1101）日線圖

漲式雙重的兩股次層級力量，由力量時間可區分相對大小，雙重基本要求為不能兩股皆為對比；左圖示意例圖所取的漲式雙重，此式左大右小為強，整理過程形左大右小表達市場參與者的心態轉趨積極，倘若買氣擔心低點無多，印證此預期的真實結果即左大右小。

B. 大小同等為順

STOCK:2520　　THE DATE:2005/06/07

▲圖 8-21　2005-06-07 冠德（2520）日線圖

　　大小同等的兩股次層級力量，僅存在於邏輯理論，此因自然萬物沒有同等，兩片樹葉僅是外觀雷同，細膩分辨絕對有其相異之處，力量時間雖然可由日數作區分，若進入次層級譬如刻線圖，將發現時間不可能同等長，故瞭解完全同等不存在，重點若力量大小並無明顯區別，即可歸於同等。

C. 左小右大為弱

STOCK:2311　　THEDATE:2006/11/09

▲圖 8-22　2006-11-09 日月光（2311）日線圖

　　左小右大的漲式雙重為弱，需瞭解定位弱是相對於強，而強是以心態轉積極為強，故瞭解左小右大雖歸屬弱，其意理表達買賣氣轉觀望，或許此觀望的背後是主勢者更有耐性地收貨，故理解左小右大形弱，後勢發展未必行弱，買賣意的展現是相當全面，取於片段即下結論，往往為挫敗的開始。

（3）頸線傾斜

　　A. 下傾為強

STOCK:2382　　THEDATE:2009/06/24

▲圖 8-23　　2009-06-24 廣達（2382）日線圖

　　　　空間力量在尚未完成前，僅有力量上下緣的切線，待力量完成後，方有撐壓轉換的力量頸線出現，若表達法錯誤，常造成觀念先入為主將力量歸屬漲邊或跌邊，進而忽視整理過程的輾轉變化，容易錯判形勢，此為力量頸線基礎觀。

B. 水平為順

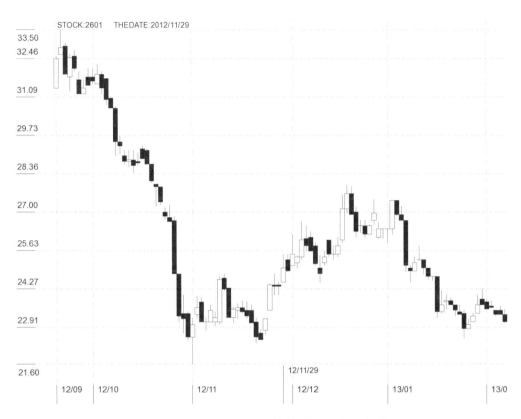

▲圖 8-24　2012-11-29 益航（2601）日線圖

　　頸線需藉由轉折作切線，倘若圖意展現並無明確的轉折，往往取於如同左圖之單力作切線；漲式雙重頸線下傾為強，此因買氣並未耗源創高卻無功而返，相反保留實力，等待力量充足直接突破上緣壓力，不作無謂耗源，從買賣意可延伸理解漲式雙重之頸線水平為順、頸線上傾為弱。

C. 上傾為弱

▲圖 8-25　2007-06-08 錩新（2415）日線圖

漲式雙重頸線上傾為弱，弱的定位是相對於強，而強是以保留實力待力量充足再突破壓力為強，故瞭解頸線上傾為弱，意理表達創高耗源卻未能延伸戰果，此式之弱與前述其它分類弱不同，無論由主勢或隨勢角度思考頸線上傾，弱意皆存在。

2. 跌式力量

（1）左右高低

　　A. 左低右高為強

STOCK:1709　　THEDATE:2008/06/02

▲圖 8-26　2008-06-02 和益（1709）日線圖

　　跌式雙重亦有兩股力量，此二股力量有相對高低，取於組成之明體為基準作比較；漲跌不等意，漲式與跌式之雙重不能直接將意理反推，需由買賣源點思考，方能掌握漲跌過程的細膩差異。

B. 高低同等為順

▲圖 8-27　2002-05-06 台肥（1722）日線圖

　　創高過程容易誘發追價買氣，圖意展現創高相反停滯不前，橫組甚至未組即有賣壓湧現，將價位壓回形內，甚至能直接完成跌式之雙重，合理推敲此賣壓源於主勢者，藉由創高所誘發的追價買氣，出脫手中持股，當商品籌碼趨於凌亂，後勢僅需耐心消磨殆盡的套現賣盤出現，價值位自然朝跌邊方向發展。

C. 左高右低為弱

STOCK:2392　THE DATE:2012/10/15

▲圖 8-28　2012-10-15 正崴（2392）日線圖

　　跌式雙重以左低右高為強，延伸理解高低同等為順，左高右低為弱，弱的定位是相對於強，強的內涵源於是否藉追價買盤出貨，需瞭解股票市場主題賣有三式，分別為獲利平倉賣、解套退場賣、停損砍倉賣，倘若左高右低的成因為解套賣壓願意小賠退場，深怕價位曇花一現，此時之左高右低為形弱，後勢未必行弱。

（2）左右大小

A. 左大右小為強

▲圖 8-29　2009-12-04 尖點（8021）日線圖

　　跌式雙重之左大右小為強，同等價位水平解套賣壓轉趨積極；倘若形左高右低源於解套賣壓急於退場，左大右小即為印證此推理之結果，重點圖意推理需有真實結果作佐證，無佐證的推理僅為奇思幻想。

B. 大小同等為順

STOCK:2402　　THE DATE :2011/03/17

▲圖 8-30　2011-03-17 毅嘉（2402）日線圖

　　類比式的同等不存在於自然，跌式雙重大小同等的
觀念，僅存在於邏輯理論，重點此二股力量若無明顯大
小區分，可將此雙重歸類於大小同等為順，然時間接近
的同等僅為力量的部份觀察點，二股力量尚可由轉熱絡、
轉清淡、轉穩定、轉不穩相互比較，此為壓力輾轉變化
細微觀，深度影響後勢圖意發展。

C. 左小右大為弱

STOCK:2409　THE DATE:2002/03/13

▲圖 8-31　2002-03-13 友達（2409）日線圖

　　跌式雙重之左小右大為弱，需瞭解漲跌不等意，當主勢者成功將籌碼出脫予散戶，後勢發展對主勢者已不重要，重點在於現金而非股票，左小右大雖然形弱，倘若形於架構的結束，籌碼於漲勢過程已陸續出脫，後勢發展重點觀察解套賣壓的積極，支撐買氣的潰散，停損賣壓的湧現，買賣氣經此輾轉，將造就時空高檔跌勢力量。

（3）頸線傾斜

　　A. 上傾為強

STOCK:1537　　THEDATE:2010/05/21

▲圖 8-32　2010-05-21 廣隆（1537）日線圖

　　切力量需切明體開、收價，此因整理過程買賣氣未歸於單邊，於流程間的創高、破低皆為短暫，市場參與者並無充裕時間思考，開盤價是經歷昨收至今開，充分思考所展現的預期，收盤價則是經歷撮和流程，最後印證開盤預期心的結果，切明體為真實形意的展現。

B. 水平為順

STOCK:2308   THEDATE:2003/08/26

▲圖 8-33   2003-08-26 台達電（2308）日線圖

　　整理過程需有意義的轉折力，方能作頸線的定位，倘若沒有關鍵的兩日轉折作頸線定位，則如左圖切水平線作為頸線；跌式雙重形成過程，若有破低引進買氣，此買氣將導致籌碼的凌亂度降低，需瞭解漲跌不等意，下跌過程通常觀望，特別是剛破低時，故頸線下傾為弱，進而理解水平為順、上傾為強。

C. 下傾為弱

▲圖 8-34　2012-03-26 旺詮（2437）日線圖

　　綜合前述之結構，雙重頂底腰皆有：左右高低之三式；左右大小之三式；頸線傾斜之三式；互動組合區分出漲式雙重、跌式雙重各有二十七式，前述內容取於結構分開探討，圖意展現需整合思考，瞭解過去，理解現在，推演未來。

四 綜合練習 ◑◯◯

▲圖 8-35　2013-01-09 微端（3285）日線圖

<請嘗試闡述圖意>

第9篇

虛耗速時無・無盡何時生

　　圖意展現如同自然萬物，遵循靜生動虛的自然韻律，此因交易所是人類所建，交易制度是人類所創，交易行為是人類所作，圖表記載買賣的真實結果，人類歸屬自然的部份，圖意展現自然符合自然理。

　　當力量組成、組合達到充裕，觀察的重點在於力量發動的時機，機的概念如同板機，扣動板機將由單點作觸發進而造成全面的影響，所謂投機即為精準掌握關鍵之機，將資源投入，藉此獲取報酬，本意充滿機智的美感，然時空當下的普世價值卻將其污名化，著實可惜。

　　力量由靜轉動開始耗力量，漲勢力量耗源是籌碼由集中而分散，跌勢力量耗源則是籌碼由分散而集中，集中的籌碼是有意圖的成果，最終需將籌碼出脫方能實現利潤；散亂的籌碼卻有可能持續地凌亂，此為漲耗源、跌輕快的源點，從而理解市場有漲跌循環、聚耗循環。

　　耗力量的過程有其耗無、耗盡、耗滅，耗無如同跑步跑累需稍作休息，耗盡如同每日需要睡眠讓身體充分休息，耗滅如同駕鶴西歸，永久脫離聚耗循環，圖意取象有其行進耗無、整理耗盡、下市耗滅。

耗無瞬再生
耗盡需時生
耗滅永無生

————陰陽理哲交易學創始人　吳薰

一 趨勢之順逆 ◎◎ ◯ ◯

　　趨勢的觀念相當重要，圖意展現有其漲勢、跌勢、整理勢，但圖意的呈現有不等層級，週線圖、日線圖、小時圖、刻分圖，漲勢、跌勢、整理勢於各層級皆可能發生，由自然韻律定週線為主題，談商品於時空的趨勢，若無限定層級，原則以週線圖判別漲、跌、整之大勢，明確主題大勢後，趨勢順逆方有邏輯依歸。

　　　　週線看大勢
　　　　日線尋幅度
　　　　小時找撐壓
　　　　刻分進出點

　　　　　　　　　　　　——陰陽理哲交易學創始人　吳薰

　　若探討的主題有限定層級亦無不可，重點需交待源頭力量，從源頭的漲勢或跌勢力量作為主軸，判別行勢相對於此力量發動方向之順逆，亦為有意義的探討，重點需瞭解小循環的順勢漲，或許為中循環的整理漲，甚至是大循環的逆勢反彈過程，若未將觀念釐清，不等層級的聚耗循環、主題架構的漲跌循環都有可能會讓實務操作蒙上陰影，此為學習漲跌技術的重點觀念。

1. 順勢

STOCK:3611   THEDATE:2013/01/07

▲圖 9-1　2013-01-07 鼎翰（3611）日線圖

　　左圖示意例圖定位之力量；力量發動漲，順於發動方向為順勢，二月至三月中旬的漲主題為順勢漲，過程中有受阻於過往賣壓，橫向消化賣壓即有能走續漲，重點此蓄集力量無能推動三月上旬的漲，需查週線圖，暸解此力量於架構中扮演的角色。

2. 逆勢

STOCK:2441　　THEDATE:2002/05/23

▲圖 9-2　2002-05-23 超豐（2441）日線圖

　　逆勢是相對順勢的邏輯，順力量發動方向為順勢，逆於此發動方向為逆勢；左圖示意例圖所取逆勢，由切線表示其源頭力量，此力量發動跌，故以此力量為探討基準時，跌為順勢，此跌跌至前漲段啟動價時，遭遇支撐，買氣湧入推升價位，此漲於架構中為逆勢，稱逆勢漲或反彈漲，行勢於減弱下跌勢。

3. 順逆勢

▲圖 9-3　2009-08-10 聯合（4129）週線圖

順勢與逆勢的基準是相對於源頭力量，當此力量發揮的過程再次進入重組，重組結果卻逆於前勢作發動，行進方向順於逆勢力量，稱為順逆勢；左圖示意例圖所取的順逆勢，擁有蓄集力量發動漲，滿足週線前段幅度，進入力量重組，經歷時間組合聚集力量發動跌，由於前勢的方向為上漲勢，認知此聚集為逆勢力量，順此逆勢力量發動所行之跌，雖順於力量卻逆於前勢，故稱此行勢為順逆勢。

4. 逆逆勢

▲圖 9-4　2011-09-28 益航（2601）日線圖

　　順勢、逆勢需有力量作為基準，延伸順逆勢的觀念，當順勢過程重組，組合逆勢力量，順於此逆勢力量所行之勢逆於前行進勢，稱此行勢為順逆勢；當以逆勢力量為觀察點，行勢逆於此逆勢力量所行之勢，稱為逆逆勢；左圖示意例圖所取逆逆勢之週線圖，源頭力量取於跌勢過程的蓄集，下跌勢滿足前段幅度進入重組，完成聚集力量發動逆勢彈，反彈結束橫組發動跌，此跌逆於逆勢力量，行勢於逆逆勢。

5. 練習複習

▲圖 9-5　2007-01-29 華邦電（2344）週線圖

＜請嘗試闡述圖意＞

二　滿足

1. 滿足時

STOCK:1101　THEDATE:2009/03/30

▲圖 9-6　2009-03-30 台泥（1101）日線圖

　　圖意展現的經緯在於時間距離長短、價位幅度高低，無論
行進或整理皆於此框架內，滿足的邏輯為百分百，擁有幅度延
伸幅度有其幅度百分百的滿足，此滿足稱為滿足時，而幅度滿
足區分為力量幅度從頸線延伸同等量幅之滿足，行進幅度則由
反轉續漲跌點重啟前勢，達到前段幅度滿足，滿足時暗示行勢
短暫將結束，而漲勢、跌勢則未必作結束。

2. 滿足期

STOCK:1102　THE DATE:2011/09/08

▲圖 9-7　2011-09-08 亞泥（1102）日線圖

　　滿足有其時間、幅度，滿足期為時間的滿足，重點在於力量的定位，當空間力量開始發動，達到同等於力量時間，稱為滿足期，需瞭解漲勢時間原則小於等於漲勢力量時間，跌勢時間則大於等於跌勢力量時間，漲跌本質有其漲耗源、跌輕快，應將前述內容視為推演的原則，而非定理之定律。

三　旗 ◎◎　○○　○

1. 矩形旗

（1）上漲矩形旗

STOCK:1231　THE DATE:2011/05/04

▲圖 9-8　2011-05-04 聯華食（1231）日線圖

　　當圖意展現有其漲跌段，段作短暫結束進入橫向力量生聚，力量時間介於並列至凝結，擁有未成形之結構、並列式之組成，取象於旗而取名，旗面為力量組成的部份，總旗桿為行進段，旗桿為總旗桿減去旗面的部份。

（2）上漲上飄矩形旗

STOCK:1308　THE DATE:2007/07/03

▲圖 9-9　2007-07-03 亞聚（1308）日線圖

　　旗面的部份屬力量組成，力量上下緣切線需切明體開、收價，從外觀區分為矩形旗與三角旗，矩形、三角皆為形狀，請務必將觀念釐清，勿與不實形以上之形混淆，力量切線平行為矩形旗，縮小為三角旗，擴大不屬於旗的探討範圍；例圖的上漲上飄矩形旗如左圖所示，取名取象於旗面飄揚，故象意取於飄而不取於傾，此為「旗」與「形」於取名方面的差異，需能明確區分。

（3）上漲下飄矩形旗

STOCK:1437　　THEDATE:2007/07/03

▲圖 9-10　2007-07-03 勤益（1437）日線圖

　　上漲矩形旗為上漲段橫組切線水平之力量，上漲上飄矩形旗取象於旗面平行上飄，上漲下飄矩形旗取象於旗面平行下飄；矩形旗從動能觀察，組成並未壓縮，僅有平行角度的變化，上漲上飄矩形旗顯意組成過程有創高引壓的慣性，重點觀察壓力輾轉變化；上漲矩形旗為旗面平行水平，組成過程精準的開、收，作價意圖相當明顯；上漲下飄矩形旗有保留實力、清洗浮額、一鼓作氣的意。

（4）下跌矩形旗

STOCK:1216　　THE DATE:2001/04/27

▲圖 9-11　2001-04-27 統一（1216）日線圖

　　旗面的形成有時間距離長短、價位幅度高低，從時間來談，原則介於並列至凝結，亦即三日至十五日；左圖示意例圖所取的下跌矩形旗，旗面組成亦為一陰平，從一陰平的主題陰開始算時間為十四日，第十五日收低並發動力量；主題陰所平的力量看似不實形，實則單日即可完成量幅，故仍歸屬於旗，而組成過程由不穩轉穩定，暗示將發動。

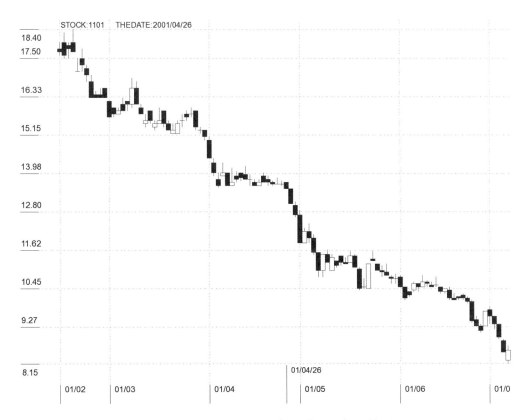

STOCK:1101　THEDATE:2001/04/26

▲圖 9-12　2001-04-26 台泥（1101）日線圖

　　旗面的時間距離原則為三至十五日，若組成時間略為超
過十五日，需回歸圖意理解所形擁有是否俱備旗的意；左圖
從下跌段作結束的轉折日起算，力量時間為十五日，第十六
日發動，而第十六日由靜轉動，有部份時間仍歸屬於力量內，
此時需有正確觀念，旗的時間取於並列至凝結，其功能為助
於圖意的速判，然時間邊界僅為原則，重點為買賣意展現，
故瞭解圖例仍有旗意，不因時間的微弱差異而將其排除。

（5）下跌上飄矩形旗

STOCK:2420　　THEDATE:2006/06/20

▲圖 9-13　2006-06-20 新巨（2420）日線圖

　　旗面的組成力有其穩定與不穩，組成內容穩定所展現的圖意為飽滿，組成內容不穩所展現的圖意為殘破，飽滿的旗順勢延伸行於穩定，殘破的旗面則較難順勢延伸，即使能順利順勢延伸，由於組成不穩定，快速作結束的頻率高，此為實務操作過程，旗面組成飽滿能得到較多關注的原因，若旗面組成殘破則較不受青睞。

（6）下跌下飄矩形旗

▲圖 9-14　2012-04-02 華寶（8078）日線圖

　　下跌矩形旗為下跌段橫組切線水平之力量，下跌上飄矩形
旗取象於旗面平行上飄，下跌下飄矩形旗取象於旗面平行下
飄；下跌上飄矩形旗顯意買氣欲推升價位行於逆勢反彈，結果
卻屢次失敗，表露組成過程賣壓沉重；下跌矩形旗為旗面平行
水平，組成過程精準的開、收表示撐、壓價位相當明確；下跌
下飄矩形旗則有破低引進買氣的慣性，需留意買氣從何而來與
支撐的輾轉變化。

2. 三角旗

（1）上漲上升三角旗

STOCK:2409　THE DATE:2009/12/30

▲圖 9-15　2009-12-30 友達（2409）日線圖

　　三角旗有力量壓縮的內涵，隨壓縮角度不同有上升三角旗、下降三角旗、對稱三角旗、上飄三角旗、下飄三角旗的基本區分；左圖示意例圖所取的上漲上升三角旗，力量上緣切線為水平線，下緣切線則有上升的慣性，所形旗面之壓力價明確，整理同勢比下跌幅度轉小，例圖更有買賣氣熱絡轉清淡再轉熱絡，暗示漲勢將重新啟動。

（2）上漲下降三角旗

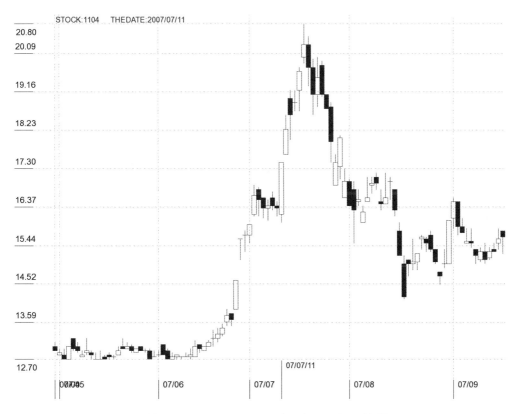

▲圖 9-16　2007-07-11 環泥（1104）日線圖

　　上漲下降三角旗的力量上緣切線下傾，力量下緣切線水平，表達支撐價明確，漲勢過程圖意展現支撐價明確，回歸買賣源點思考，股票籌碼於漲勢過程由集中而分散，主勢者防守特定價位是符合人性的，甚至破價清洗浮額再投入資金推升價位，亦為合理戰略的運用，故瞭解防守價明確仍有破價清洗浮額的可能，掌握力量發動重啟前勢的契機，方能節省在場內等待的時間，思緒更流暢。

（3）上漲對稱三角旗

STOCK:1304　THEDATE:2011/01/14

▲圖 9-17　2011-01-14 台聚（1304）日線圖

　　左圖示意例圖所取的上漲對稱三角旗，對稱三角旗的力量上緣切線下傾，力量下緣切線上傾，表達雙邊壓縮；旗的主題結構區分為旗面、旗桿、總旗桿，需瞭解旗面、總旗桿為所有旗皆擁有的部份，旗桿部份由總旗桿減去旗面作定義，是因為旗桿並非在所有旗皆明顯存在，但從左圖可以看到，旗的三部份結構皆完整呈現，亦解釋旗桿的定義是導因於真實存在的圖意，並非多餘的概念。

（4）上漲上飄三角旗

STOCK:2367　THEDATE:2005/12/28

▲圖 9-18　2005-12-28 燿華（2367）日線圖

　　上漲上飄三角旗的力量上緣切線上傾，力量下緣切線亦上傾，而且角度更陡，圖意展現力量壓縮，持續創高甚至收高卻未能延伸，整理同勢比賣壓的結果幅度轉小，表明壓力逐漸壓不住買氣；左圖示意例圖所取的上漲上飄三角旗，旗面的組成熱絡不穩定，力量發動走速度，輾轉不穩作結束，從段對段的邏輯推理，例圖的旗並無能推動此上漲幅度，故瞭解此旗僅為更大層級力量的部份。

（5）上漲下飄三角旗

▲圖 9-19　2007-07-05 嘉泥（1103）日線圖

　　上漲下飄三角旗的力量上緣切線下傾，力量下緣切線亦下傾，但上緣切線的角度更陡，圖意展現力量壓縮，收價低於卻未能延伸，買氣一鼓作氣突破並收高於力量上緣切線，待力量充足直接重啟漲勢，不作無謂耗源；左圖示意例圖所取的上漲下飄三角旗，旗面組成由穩定轉不穩重啟漲勢，此漲快速完成幅度，爾後經歷深幅回檔，未組力量直接再走續漲至傷位以上，造就商品時空高點。

（6）下跌下降三角旗

STOCK:2401　THEDATE:2008/09/12

▲圖 9-20　2008-09-12 凌陽（2401）日線圖

　　下跌下降三角旗的力量上緣切線下傾，力量下緣切線水平，跌勢過程出現防守價，本意買氣願意承接，甚至意圖明確，可惜逆勢的動作相當容易失敗，此時的觀察點，著重於買氣何時棄守，賣壓宣洩即開始重啟跌勢；左圖示意例圖所取的下跌下降三角旗，水平下緣切線表明買氣的防守價位，下傾的上緣切線表露買氣愈來愈不濟，需瞭解跌勢過程中，若四散的籌碼欲套現，價位自然跌。

（7）下跌上升三角旗

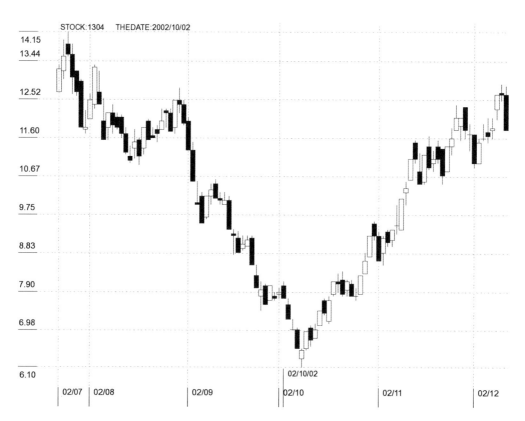

▲圖 9-21　2002-10-02 台聚（1304）日線圖

　　下跌上升三角旗的力量上緣切線水平，力量下緣切線上傾，跌勢過程力量組成，若出現明確的壓力價需有警覺，通常籌碼集中方能作價，但籌碼集中與跌勢的本質衝突，相反願意推升價位衝撞壓力的買氣更令人在意，倘若壓力明確，經過測試確實觸發賣壓重啟跌勢，若延伸過程出現明顯的行勢錯誤，對此跌勢需有所警覺，需瞭解漲跌不等意，邏輯推理需回歸買賣源點，不能直接反推。

（8）下跌對稱三角旗

▲圖 9-22　2008-01-31 凌陽（2401）日線圖

　　跌勢減緩順勢走續跌，跌勢減弱則進入二次反轉組力量，若逆勢展現於減緩與減弱間，後勢未能直接順勢延伸，亦無需進入不實形以上之力量重組，所形結果即為旗面組成；左圖示意例圖所取的下跌對稱三角旗，逆勢展現較三分一的減緩略高，橫組並列力量形成旗面，若由標準段的定義觀察，亦符合直接走續跌行成下跌段，重點需回歸圖意展現，此圖例的輾轉過程，理解為旗更合理。

（9）下跌上飄三角旗

STOCK:2411　　THE DATE:2001/09/28

▲圖 9-23　2001-09-28 飛瑞（2411）日線圖

　　旗面與總旗桿的相對位置，亦有逆勢展現僅四分一即進入橫組旗面的方式，按邏輯推理逆勢四分一較逆勢三分一更弱，三分一尚能直接延伸，四分一卻需進入橫組，本意而言並不合理，實際圖表展現卻有合理的可能，當順勢行勢強，但行進過程受阻於過往的撐或壓，即可能行成行勢不順暢但逆勢又無法展現的膠著，重點此式橫組時間不能長，真實結果亦符合旗的定義，此為另式成因。

（10）下跌下飄三角旗

STOCK:2308　THEDATE:2011/08/17

▲圖 9-24　2011-08-17 台達電（2308）日線圖

　　當瞭解旗面與總旗桿常見的相對比例，對於旗面的價位幅度高低，亦能建立基本概念，若取於價值段作為基準，逆勢展現三分一至二分一所形的旗面，旗面量幅約 5% 至 7.5%，若為四分一即進入橫組的旗面，往往前段的勢強，段幅常超過價值段的基本需求甚至達到 20%，換算旗面量幅約 5%，此為旗面在價位幅度方面的模型認知，建立模型對策略制定相當重要，對於實務操作不可或缺。

四 多段式行情 ◎◎ ○ ○ ○

1. 完成段

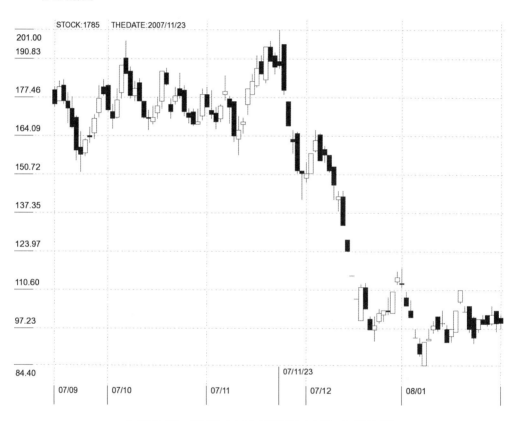

▲圖 9-25　2007-11-23 光洋科（1785）日線圖

　　當空間力量盈滿充足，僅需最後的觸發以發動此股力量，稱此階段的圖意展現為力量完成，表達方式相當豐富，支撐轉清淡、從僅能回低輾轉有能破低、收低於力量組成擁有之明體，皆為力量接近完成的徵兆，倘若空間力量是由漲跌段所完成，稱此完成力量的段為完成段；左圖示意例圖所取完成段，此段完成跌勢力量並啟動跌，延伸下跌幅度。

2.　主段 · 續段

▲圖 9-26　2004-03-19 陽明（2609）日線圖

當空間力量完成發動，走出兩段順暢幅度，爾後進入形再生的力量重組，則稱第一段為主段，第二段為續段；左圖示意例圖所取的主跌段與續跌段；跌勢力量完成，於頸線下重組下跌下飄矩形旗，買氣無以為繼，行成主跌段，反彈減弱下跌勢，直接延伸走續跌，滿足前段幅度作結束，再次反彈破壞下跌勢，未顯露於例圖的部份，橫組再彈行扭轉；此為空間力量發動，行於二段作結束的行情。

3. 主段 · 順段 · 續段

STOCK:3016　THEDATE:2011/07/07

▲圖 9-27　2011-07-07 嘉晶（3016）日線圖

　　當空間力量發動，行於三段順暢幅度，稱此三段為主、順、續，順與續最大的差異在於順能延伸而續作結束；漲耗源、跌輕快，漲勢欲順暢走二段，往往需蓄集以上的力量，順暢走三段則需匯集以上的力量，但即使擁有集區以上的力量，亦有可能發揮一段作結束；跌勢欲順暢走多段則無源頭力量時間的基本需求，漲跌本質絕對不同。

綜合練習 ◎◎ ○ ○

▲圖 9-28 2011-11-08 嘉泥（1103）日線圖

<請嘗試闡述圖意>

後語

　　從開、收、高、低之基礎四價開始認識力，從力延伸勢、力道、段，再由段產生對比，延伸增減段，組合至形、型，瞭解同層級圖意展現後，藉不等高低層級之週、時、刻相互輝映，重新認識單日力，此為第一式循環，螺旋式的源點累積，彷彿麥比烏斯帶般無窮無盡。

　　從動靜剛柔、靜生動虛的角度認識圖意，瞭解生、聚、力、時、量、虛、耗、速、時、無的循環理，從不等高低層級理解動中有靜、靜中有動的聚耗內涵，延伸理解高檔形再生既是重新聚力量，同時是在耗底部源頭的力量，此為認知圖意的第二式循環。

　　從力量發動行單段式、多段式走勢，結束於扭轉、逆轉，高低檔橫向組力量，此力量一式為高檔形再生，仍有能順前勢推動漲跌勢；一式為漲跌勢易位的源頭力量，後者將開啟認知圖意的第三式循環；從力型循環、聚耗循環、漲跌循環的源點累積，學習漲跌技術架構。

　　陰陽理哲交易學的三大主題分別為技術、技巧、資金，技術為基礎，領域內容寬廣，受限於篇幅，本書僅羅列重點作表述，精妙的技巧、深奧的資金，留待它日再向讀者作介紹。

國家圖書館出版品預行編目資料

K線的重新探索：掌握源點，邏輯推理漲跌／藍
健銘著. --初版.--臺中市：白象文化，2016.04
　　面：　公分.——（財智庫；19）
ISBN 978-986-358-318-9（平裝）
1.股票投資 2.投資技術 3.投資分析
563.53　　　　　　　　　　　　105001270

財智庫（19）

K線的重新探索：掌握源點，邏輯推理漲跌

作　　者　藍健銘

校　　對　藍健銘、陳美如

讀者信箱　rediscoverkchart@gmail.com

專案主編　陳逸儒

特約設計　白淑麗

出版經紀　徐錦淳、吳適意、陳逸儒、林榮威、林孟侃、蔡晴如

設計創意　張禮南、何佳誼

經銷推廣　李莉吟、何思頓、莊博亞、劉育姍

行銷企劃　黃姿虹、黃麗穎、劉承薇、莊淑靜

營運管理　張輝潭、林金郎、曾千熏

發 行 人　張輝潭

出版發行　白象文化事業有限公司

　　　　　402台中市南區美村路二段392號

　　　　　出版、購書專線：（04）2265-2939

　　　　　傳真：（04）2265-1171

印　　刷　基盛印刷工場

初版一刷　2016年04月

定　　價　600元

白象文化　印書小舖　出 版 · 經 銷 · 宣 傳 · 設 計
PRESSSTORE

www.ElephantWhite.com.tw　自費出版的領導者　購書 白象文化生活館